Printed in the United States
By Bookmasters

أمراض العصر المستعصية وكيفية علاجها بالرقية الشرعية

(المس، السحر، الحسد، الصرع)

علم الإشارة في تشخيص الأمراض الروحية

تأليف الشيخ المعالج

أمجد عبد الرؤوف محمود محمود

المملكة الأردنية الهاشمية
رقم الإيداع لدى دائرة المكتبة الوطنية (٢٠٠٧/٩/٢٩٤٥)

٢٤٤

محمود، أمجد عبد الرؤوف
أمراض العصر المستعصية وكيفية علاجها بالرقية الشرعية: المس، السحر، الصرع/ أمجد عبد الرؤوف محمود محمود. _ عمان: دار البداية، ٢٠٠٧.
( ) ص.
ر.أ: (٢٠٠٧/٩/٢٩٤٥)
الواصفات: /التعزيم//الاسلام// الامراض// الآداب الإسلامية

* تم إعداد بيانات الفهرسة والتصنيف الأولية من قبل دائرة المكتبة الوطنية.

ISBN: ٩٧٨-٩٩٥٧-٤٥٢-٤٦-٩ (ردمك)

الطبعة الأولى
٢٠٠٨م – ١٤٢٨هـ

دار البداية ناشرون وموزعون
عمان - شارع الملك حسين - مجمع الفحيص التجاري
هاتف: ٦٤٠٦٧٩ - تلفاكس: ٦٤٠٥٩٧
ص.ب ٥١٠٣٣٦ عمان ١١١٥١ الأردن

E-mail:info.daralbedayah@yahoo.com
www.daralbedayah.com.

دار البداية ناشرون وموزعون

مقدمة المؤلف

الحمد لله رب العالمين والصلاة والسلام على سيد المرسلين المبعوث رحمة للعالمين وعلى أصحابه أجمعين، واشهد أن لا اله إلا الله وحده لا شريك له واشهد أن محمدا عبده ورسوله النبي المعتبر ما اتصلت عين بنظر وما سمعت أذن بخبر سيد الأولين والآخرين وعلى اله وصحبه أجمعين وصاحب المقام المحمود، وبعد .

لقد بعث الله سبحانه وتعالى رسوله صلى الله عليه وسلم للثقلين الإنس والجن، فالجن مخاطبون بالقران الكريم ومطلوب منهم الإسلام والإيمان والتوحيد، وهم معاقبون على عدم الدخول في الإسلام أو على التفريط أو الإفراط، التفريط في جنب الله والإفراط في المعصية، وإننا مأمورون أمراً وجوبياً بالاستعاذة من شر الجن والشياطين، لخطورتهم لأنهم سبب فتنه الكثير من الناس وإضلالهم وابعادهم عن الحق، وعالم الجن عالم غريب ثبت وجوده بالقرآن الكريم والسنة النبوية المطهرة واجماع الأمة لقد قمت بتأليف هذا الكتاب واضعا به خبرتي وابحاثي العملية والمطورة في الاختصاص نفسه والطريق الثابت في أمور الرقية الشرعية والإصابات الناتجة من الجن وأحوال الناس الاجتماعية وعلى ضوء ما رأيت من أمور يجب على كل إنسان أن يعلم بها، بالنسبة للسحر والمس والحالات النفسية والحالات الكاذبة والقرين والتوابع والحسد والعين وغيرها من إصابات وبينت العلاج بالقرآن الكريم لقوله تعالى(وَنُنَزِّلُ مِنَ الْقُرْآنِ مَا هُوَ شِفَاءٌ وَرَحْمَةٌ لِلْمُؤْمِنِينَ وَلَا يَزِيدُ الظَّالِمِينَ إِلَّا خَسَارًا) [سورة الاسراء٨٢].

وقول صلى اللـه عليه وسلم المصطفى صلى اللـه عليه وسلم ((ما لم يشفيه القران فلا شفاء له) وقوله أيضا: (**شفاء أمتي بثلاث شربة عسل أو آية من قران أو شرطة محجم**) [رواه مسلم] .

وإنني أوضح في هذا الكتاب عن العلوم الحديثة في علم الإشارة في تشخيص الأمراض الروحية ونحن نعرف ونعلم أن الإسلام يقاس بأربعة أمور وهي القران الكريم والسنة النبوية المطهرة والاجتهاد والقياس وعلم الإشارة من العلوم الاجتهادية كباقي العلوم وبعد الدراسة الكافية واطلاعاتنا على كل ما هو جديد بخصوص علم الرقية والرقاة فوجدنا في هذا العلم الفائدة الكبيرة في تشخيص وعلاج الحالات المستعصية بأقل الجهود ولنا من الفتاوى الكثير الكثير من علمائنا الأفاضل والمعروفين الذين أجازوا هذا العلم واقروه بعدما عرضت عليهم الحالات وتم علاجها بالكامل دون استخدام الخلطات والزيوت والأعشاب والعطارة وعدم مسك المصاب مهما كانت الحالة وعدم استخدام الكهرباء أو الضرب أو الخنق أو استخدام الجن وغيرها من أمور وقع بها الكثير من المعالجين المعاصرين المجتهدين وكما قال رسولنا الكريم محمد صلى اللـه عليه وسلم : ((**اعرضوا علي رقاكم لا بأس بالرقى ما لم تكن شركا**)) رواه مسلم .

وبينت ما هي الشعوذة والدجل، الذي وقع به كثير من الناس الضعفاء، الذين انجرفوا وراء أكاذيب ودجل وخدع منها فتح بالمندل والفنجان وبالكف وبالنجوم، وغيرها من أمور وخرافات قد تسبب الوهم والمرض لان الشيطان يدخل من هذا الباب على الناس الضعفاء وهو من باب استدراج الشياطين، الذين لو تذكروا بان اللـه هو الضار والنافع لكان خيراً لهم في الدنيا والآخرة.

أخي المسلم .... أختي المسلمة، العلاج بين يديك وإياك ثم إياك طَرْقَ باب المشعوذين والعرافين وغيرهم من محتالين وهم يتسترون وراء حجاب زائف

يدّعون أنهم يعالجون بالقرآن الكريم ولكن في الحقيقة يتعاملون مع الشياطين، ومن استعان بغير الله فقد كفر، الوقاية أخي المسلم خير من العلاج، تذكر أخي المسلم، تذكري أختي المسلمة بأن الأذكار والأدعية الصباحية والمسائية خير علاج من أي إصابة، وصدق رسول الله صلى الله عليه وسلم عندما قال ((**من قرأ آية الكرسي عند كل دبر صلاه كفته**)) [رواه مسلم]. أي انه محصن من كل شر وأنني أذكر في هذا الكتاب العلاج الرباني الذي لا مثيل له، ألا وهو القرآن الكريم، لقوله تعالى (ويشفي صدور قوم مؤمنين) [سورةالتوبة]، وقوله أيضا : (وإذا مرضت فهو يشفين) [سورة الشعراء]، وقوله أيضا (قل هو للذين آمنوا هدى وشفاء) [سورة فصلت].

وناهيا لك سؤال العرافين والمشعوذين والسحرة والدجالين لأنهم كفرة وفجرة فمن الممكن أن تقع في حبالهم وتصبح مثلهم في الذنب والمعصية والإثم العظيم دون أن تعلم إلا بعدما تصبح في شراك الفخ وكما قالصلى الله عليه وسلم : ((**من أتى عرافا أو كاهنا فصدقه بما يقول فقد كفر بما انزل على محمد**)) وكما قال أيضا ((من أتى عرافا أو كاهنا فسأله عن شيء لن تقبل له صلاة أربعين ليلة)) [رواه مسلم] .

وإنني أشكر الله سبحانه وتعالى على نعمته التي أنعمها علينا في هذا العلم النافع وأنار بصيرتنا على طريق الحق والرشاد وإنني اثني شكري أيضا إلى استأذنا الفاضل / فضيلة الشيخ عايش القرعان الذي أتاح لنا الفرصة إلى التعلم والاستفادة الكبيرة لهذا العلم النافع الذي انتفع به الكثير من المسلمين فجزاه الله عنا وعن المسلمين خير الجزاء آمين، أسأل الله العظيم رب العرش العظيم أن يكتب لي القبول في الاراضين السبع والسماوات السبع وفي كل حال والأحوال وفي كتابي هذا من علم ومعرفة وفوائد ومنافع عظيمة فهو من فضله وكرمه عز

قدرته وجل شأنه وما فيه من الـسهو والخطأ والنـسيان فهـو مـن تقـصيري وآخـر دعوانـا أن الحمد لله رب العالمين والصلاة والسلام على اشرف المرسلين وخاتم النبيين سيدنا محمد بـن عبـد الله وعلى اله وصحبه أجمعين، وغفر الـله لي ولوالدي آمين .

المؤلف

الأستاذ الشيخ/ امجد محمود (أبو عبيدة)

الجن والسحر في القرآن الكريم

-السحر في اللغة:-

قال الأزهري : السحر عمل تقرب فيه إلى الشيطان وبمعونة منه واصل السحر صرف الشيء عن حقيقته إلى غيره فكأن الساحر لما رأى الباطل في صورة الحق وخيل الشيء على غير حقيقته قد سحر الشيء عن وجهه أي صرفه.

- قال في المعجم الوسيط : السحر ما لطف مأخذه ودق .

- قال في قاموس المحيط : السحر إخراج الشيء في أحسن معارضه حتى يفتن .

-السحر في اصطلاح الشرع :-

السحر في عرف الشرع مختص بكل آمر يخفي سببه ويتخيل على غير حقيقته ويجري مجرى التمويه والخداع .

-وقال ابن قدامه المقدسي :-

هو عقد ورقى وكلام يتكلم به أو يعمل شيئا يؤثر في بدن المسحور أو قلبه أو عقله من غير مباشرة له، وله حقيقة فمنه ما يقتل ويمرض ويربط الرجل عن زوجته ومنه ما يفرق بين الزوجين أو يحبب بين اثنين .

تعريف السحر :

هو اتفاق بين ساحر وشيطان على أن يقوم الساحر بفعل بعض المحرمات أو الشركيات في المقابل مساعدة الشيطان له وطاعته فيما يطلب منه .

السحر في ضوء القرآن والسنة

الأدلة على وجود الجن والشياطين :-

أن العلاقة قوية جداً بين الجن والسحر، بل أن الجن والشياطين هـما العامـل الأسـاسي في اكتمال السحر ولقد أنكر بعض الناس وجود الجن ومن ثم أنكـروا حـدوث السـحر، ولـذلك فإن الأدلة واضحة على وجود الجن والشياطين من القرآن الكريم والسنة المحمدية الشريفة .

أولاً – الأدلـــة القرآنيـــة :-

قال تعالى (وَإِذْ صَرَفْنَا إِلَيْكَ نَفَرًا مِنَ الْجِنِّ يَسْتَمِعُونَ الْقُرْآنَ)[١]

قال تعالى (يَا مَعْشَرَ الْجِنِّ وَالْإِنْسِ إِنِ اسْتَطَعْتُمْ أَنْ تَنْفُذُوا مِنْ أَقْطَارِ السَّمَاوَاتِ وَالْأَرْضِ فَانْفُذُوا لَا تَنْفُذُونَ إِلَّا بِسُلْطَانٍ)[٢]

قال تعالى (وَأَنَّهُ كَانَ رِجَالٌ مِنَ الْإِنْسِ يَعُوذُونَ بِرِجَالٍ مِنَ الْجِنِّ فَزَادُوهُمْ رَهَقًا)[٣]

---

(١) الاحقاف آية (٢٩).
(٢) الرحمن (٣٣).
(٣) الجن آيه (٦).

قال تعالى ﴿**قُلْ أُوحِيَ إِلَيَّ أَنَّهُ اسْتَمَعَ نَفَرٌ مِنَ الْجِنِّ فَقَالُوا إِنَّا سَمِعْنَا قُرْآنًا عَجَبًا**﴾ (١)

والأدلة من القرآن الكريم على وجود الجن والشياطين كثيرة، ومن المعلوم أن هناك سورة كاملة تتحدث عن الجن، وأن كلمة الجن ذُكرت في القرآن الكريم حوالي اثنين وعشرين مرة وكلمة شيطان بمفردها ثمان وستون مرة وكلمة الشياطين سبعة عشر مرة .

ثانياً : الأدلة على وجود الجن من السنة النبوية :-

عن عائشة رضي الله عنها قالت: قال رسول الله صلى الله عليه وسلم : « **خلقت الملائكة من نور وخلقت الجان من مارج من نار وخلق آدم مما وصف لكم** »(٢)

وعن عبد الله بن عمر رضي الله عنهما أن رسول الله صلى الله عليه وسلم قال : «**إذا أكل أحدكم فليأكل بيمينه وإذا شرب فليشرب بيمينه، فإن الشيطان يأكل بشماله ويشرب بشماله**» (٣).

وعن صفية بنت حيي رضي الله عنها أن النبي صلى الله عليه وسلم قال: ((**أن الشيطان يجري من آدم مجرى الدم**)) (٤).

وعن عبد الله بن مسعود رضي الله عنه قال : ذكر عند رسول الله صلى الله عليه وسلم : رجل نام ليلة حتى أصبح قال «ذاك رجل بال الشيطان في أذنيه(٥)» .

---

(١) الجن ايه ١.
(٢) رواه مسلم.
(٣) رواه البخاري في صحيحه.
(٤) رواه مسلم.
(٥) رواه البخاري في صحيحه.

وكما نعلم أن هناك أحاديث كثيرة تتحدث عن الجن والشياطين فهي حقيقة ثابتة ومن الأدلة الشرعية لا شك بها ولا يجادل في ذلك الأمر إلا معاند عن الحق .

الأدلة على وجود السحر

١- الأدلــة من القرآن الكريم :-

قال تعالى (قَالَ مُوسَى مَا جِئْتُمْ بِهِ السِّحْرُ إِنَّ اللَّهَ سَيُبْطِلُهُ إِنَّ اللَّهَ لَا يُصْلِحُ عَمَلَ الْمُفْسِدِينَ) (١)

قال تعالى (وَأَلْقِ مَا فِي يَمِينِكَ تَلْقَفْ مَا صَنَعُوا إِنَّمَا صَنَعُوا كَيْدُ سَاحِرٍ وَلَا يُفْلِحُ السَّاحِرُ حَيْثُ أَتَى) (٢)

قال تعالى (وَمِنْ شَرِّ النَّفَّاثَاتِ فِي الْعُقَدِ) (٣)

قال تعالى (وَاتَّبَعُوا مَا تَتْلُو الشَّيَاطِينُ عَلَى مُلْكِ سُلَيْمَانَ وَمَا كَفَرَ سُلَيْمَانُ وَلَكِنَّ الشَّيَاطِينَ كَفَرُوا يُعَلِّمُونَ النَّاسَ السِّحْرَ) (٤)

لقد ذكر الله سبحانه وتعالى في كتابه الكريم آيات كثيرة عن السحر والسحرة والمشعوذين والكهان فهي ثابتة تماماً للجميع لمن تدبر بها .

(١) سورة يونس آية ٨١.
(٢) سورة طه الآية ٦٩.
(٣) سورة الفلق آية ٤.
(٤) سورة البقرة آية ١٠٢.

٢- - الأدلـــة من السنة النبوية :-

عن عائشة : قالت كان رسول الـلـه صلى الـلـه عليه وسلم قد سحر، حتـى أنـه كـان يـرى أنه يأتي النساء ولا يأتيهن قال سفيان (أحد رجال السند) : هذا أشد ما يكون من السحر فقـال :) يا عائشة، أعلمت أن قد أفتاني فيما استفتيته فيه ؟ جاءني رجلان فجلس إحـداهما عنـد رأسي والأخر عند رجلي، فقال الذي عند رأسي للآخر : ما بال الرجل ؟ قال مطبوب (أي انه مـسحور) ..... قال ومن طبه أي من سحره قال لبيد بن الأعـصم، رجـل مـن بنـي زريـق، حليـف اليهـود وكان منافقاً) فقال : وفيم (أي بماذا) قال في مشط ومشاطة (أي في مشط رسول الـلــه صـلى الـلـه عليه وسلم وبعض شَعره) التي عقدَ عليه إحدى عشر عقـدة، قـال وأيـن ؟ قـال في جـف طلعة ذكر تحت رعوفة في بئر ذروان) .

قالت فأتى النبي صلى الـلـه عليه وسلم البئر حتى استخرجه، فقال) هذا البئر الذي رأيته وكان ماءها نقاعة الحناء وكأن نخلها رؤوس الـشياطين)وفي(نـص) أخـر : أن الرسـول أرسـل إلى البئر علي بن ابي طالب والزبير بن العوام وعمار بن ياسر فنزحوا ماء البئر وكأنه نقاعة الحناء ثـم رفعوا الصخرة وأخرجوا فإذا فيه، مشاطة رأسه وأسـنان مـن مـشطه وإذا فيـه وتـر معقـود فيـه إحدى عشر عقدة فأنزل الـلـه سبحانه وتعـالى المعـوذتين فجعـل كلـما قـرأ آيـة انحلـت عقـدة ووجد رسول الـلـه صلى الـلـه عليه وسلم قد شفيه حين انحلت العقدة الأخيرة فقام كأنما نشط من عقال وجعل جبريل عليه السلام يقول) بسم الـلـه أرقيـك مـن كـل شيء يؤذيـك ومـن كـل حاسد وعين و الـلـه يشفيك) فقيل يا رسول الـلـه أفلا نأخـذ الخبيـث نقتلـه (الـساحر) فقـال صلى الـلـه عليه وسلم : ((**أما أنا فقد شافاني الـلـه واكره أن أثير على الناس شرا، قال ابن كثير : جاء جبريل إلى النبي صلى الـلـه عليه وسلم فقال :) هـل اشـتكيت يـا محمـد ؟ فقـال : نعـم فقال بسم الـلـه أرقيك من كل داء**

يؤذيك من شر حاسد أو عين و اللـه يشفيك))، ولعل هذا كان من شكوى صلى اللـه عليه وسلم حين سحر وعافاه اللـه تعالى وشفاه ورد كيد السحرة من اليهود في رؤوسهم وجعل تدميرهم في تدبيرهم وفضحهم ... قال كثير من العلماء عن معنى أنه كان يرى أنه يأتي النساء ولا يأتيهن أي أنه كان مربوط أو (معقود أو مأخوذ عن جماع زوجاته) وقد يظن البعض أنه طالما أن النبي صلى اللـه عليه وسلم قد سحر فذلك مما يقدح في رسالته ويشكك الناس فيها .... والرد على ذلك هو : أن السحر الذي أصيب به صلى اللـه عليه وسلم إنما كان متسلطاً على جسده وظواهر جوارحه كما هو معروف ...... لا على عقله وقلبه واعتقاده فمعاناته من آثار أي مرض من الأمراض التي يتعرض له الجسد البشري أيا كان، ومعلوم إن عصمة الرسول صلى اللـه عليه وسلم لا تستلزم سلامته من الأمراض والأعراض البشرية المختلفة .

الشاهد :-

الشاهد أن النبي صلى اللـه عليه وسلم ، نهى عن السحر والذهاب إلى السحرة نعم أن النبي صلى اللـه عليه وسلم لا ينهى إلا عن شيء موجود له حقيقة يغضب وجه اللـه، لقوله تعالى : **[وَمَا أَتَاكُمْ الرَّسُولُ فَخُذُوهُ وَمَا نَهَاكُمْ عَنْهُ فَانْتَهُوا]** وعن أبي موسى الأشعري رضي اللـه عنه أن رسول اللـه صلى اللـه عليه وسلم قال :- ((**لا يدخل الجنة مدمن خمر ولا مؤمن بسحر ولا قاطع رحم**))، ومعنى الحديث :-

ثلاثة لا يدخلون الجنة إلاّ بعد أن يعذبوا في النار لفترة ذنوبهم ومعاصيهم.

أولاً :- مدمن خمر : هو شارب الخمر ومستمر على شربها .

ثانياً :- مؤمن بسحر : أي الذي يعتقد أن السحر يؤثر بذاته لا بتقدير اللـه.

ثالثاً:- قاطع رحم : أي الذي هاجر أقاربه وأرحامه فلا يصلهم ولا يزورهم .

الإصابات والأمراض الروحية

أقسامها – أنواعها – عددها - علاجها

إن الإصابات والامراض الروحية كثيرة ومتنوعة ولها الاسم الذي يناسبها وحسب وجودها على جسد المصابين من الناس، والإصابات الروحية هي أمراض حقيقية من الممكن أن تؤثر على مدارك الإنسان وإحساسه.

أولا : السحر وأنواعه :

سحر عام – سحر ربط عام – سحر ربط إيذاء أو (مضرة) – سحر ربط سيطرة – سحر ربط جلب – سحر ربط مصلحة – سحر ربط تغوير (للأنثى) – السحر السفلي – السحر العلوي – سحر زار(سحر الترانيم) – السحر الأسود - السحر المشترك (سحر منع الحمل) – ازدواجية سحر – سحر الأطفال – سحر خصائص المواد – سحر الطعام والشراب .

ثانيا : المس وأنواعه :

المس الزائد وهو اللبوس الكامل – المس الناقص وهو الاقتران – المس الجزئي – اللمس – المأخوذ السلبي – المأخوذ الايجابي .

ثالثا : الحسد وأنواعه :

حسد عام – ازدواجية حسد – حسد متطور – تابع حسد – نفس – عين.

رابعا: التوابع وأنواعها :

توابع سحر – تابع – توابع عامة – تابع عشق – توابع جنس – توابع سيئة– تابعة وتسمى أيضا(بالقاتلة) وتسمى أيضا (الأخت) .

خامسا: القرين وأنواعه :

سيطرة القرين – مس القرين – استحواذ القرين – سحر القرين.

سادسا : الصرع أنواعه وعلاجه :

الصرع العضوي – صرع الجن – الصرع النفسي – الصرع الكاذب – صرع الاستحواذ .

سابعا : العهود وأنواعها :

عهد شيطاني يقترن بالمصاب– عهد شيطاني للشخص الذي يتعامل معه.

ثامنا : الاستحواذ الشيطاني .

تاسعا : تعدد الإصابات .

عاشرا : الحالات النفسية وأنواعها .

حالات نفسية عامة – حالات نفسية بسبب الجن – حالات نفسية مكتسبة– حالات الوهم – حالات كاذبة – حالات انفعالية – حالات سلوكية – حالات اجتماعية – صدمة نفسية – صدمة عصبية – حب أو (مرض العظمة) – الخوف – الوسوسة العامة – الوسوسة القهرية – مرض التوحد .

الحادي عشر : النطق وأنواعه :

النطق الشيطاني (نطق فعلي) – النطق الكاذب –النطق بالتأثير – النطق بالإيحاء .

كيف يتم التشخيص الفعلي ومعرفة الحالة معرفة جيدة، وكما ذكرنا أن هناك مـا يقـارب ستون اصابه من الممكن أن تصيب الإنسان .

والحالات التي تصيب الإنسان تسمى (إصابة) وتنقسم الإصابة إلى قسمين هما :-

١- إصابة فعلية .

٢- إصابة غير فعلية .

- وهناك تشابه كبير بين الحالة الفعلية المـؤثرة، والحالـة غـير الفعليـة، أي الحالـة المـصابة بإصابة روحية، والحالة غير المصابة .

الإصابة الفعلية المؤثرة

هي الإصابة التي تكون مصحوبة إمـا بجنـي أو شيطان موكـل بـسحر أو شـيطان متلبس الجسد وهو (المس) أو سيطرة قرين أو تعدي التابعة أو حسد أو عـين أو العهـود وهـي التـي تكون بين الأنس والشياطين وهذه الأنواع من الحالات الفعليـة التـي تحـدث عليهـا الانعكـاس المباشر على جسم المصاب أثناء قراءة الرقية عليه مباشرة .

الإصابة غير الفعلية

وهذه الحالات منتشرة كثيراً خاصة عند النساء، ومثل هـذه الحـالات كثيراً مـا يطرق أصحابها أبواب المشعوذين والعرافين وغيرهم من الكهنة قبل معرفتهم حقيقة الحالة ومعـرفتهم بالعلاج النافع وهو القرآن الكريم ومثل هذه الحالات التي يجب على المعالج أن يشخص الحالـة تشخيصاً سليماً ودقيقاً هي :-

- حالات الوهم .

- الحالات النفسية .

- الحالات النفسية المكتسبة.

- الحالات الكاذبة أو ما تسمى (بالتمثيل) .

- الحالات الانفعالية والحالات السلوكية والحالات الاجتماعية والخوف .

- سيطرة القرين واستحواذه ومسه .

- الصدمات النفسية والعصبية وحب العظمة .

- الوسوسة بشكل عام .

- مرض التوحد .

- المرض العضوي .

كيف يتم تشخيص كل حالة

كيف يتم معرفة الحالة الفعلية والحالة غير الفعلية ؟

- عند قراءة الرقية على الشخص المـصاب بإصـابة فعليـة يجـب أن يكـون هنـاك انعكـاس

واضح بظهور حركة الجني وسيطرته على الجسد سيطرة تامة إذا

كانت الإصابة سحراً أو مساً، لذلك يتم صرع الإنسان من قبل العارض وهو الشيطان وهناك من الحالات الفعلية لا يتم بها الصرع أثناء القراءة وإنما يحدث انعكاس على أطراف القدمين أو اليدين أو الاثنتين معا .

- أما الحالة غير الفعلية فهي لا تصرع أبداً أثناء القراءة على الشخص لذلك الدليل واضح وبين، وصرع جسم الإنسان هو وجود الجني متلبس داخل الجسد وهناك إصابات فعلية خارجية لا يتم بها الصرع لان الجني يكون مقترن خارج الجسد وسوف اذكر هذه الحالات في هذا الكتاب .

المعرفة والتشخيص الصحيح

يبني المعالج على تشخيص الحالة تشخيصاً صحيحاً على البينة الواضحة أمامه وعلى الانعكاس الذي يحدث للحالة وعلى هذا الأساس يحدد المعالج إن كانت الحالة (سحراً أو مساً أو نفسياً أو قريناً أو حاله كاذبةً أو وهماً أو حسدا).

ولا يبني المعالج على تشخيص المصاب نفسه أو على الأعراض التي تحدث معه،لذلك نضع النقطة الأساسية في موضوع العلاج كي تكون الفكرة واضحة للجميع على أن الأعراض ليست كلها تشير على وجود إصابة فعليه بل هناك من الذين يعانون من الحالات النفسية والأوهام وهذا سببه عدم العلم والمعرفة في هذه الأمور، فعلينا أن نجتهد على أنفسنا قليلا حتى نكون على علم ودراية ملمين في هذا المجال أو نستشير من هو اعلم بذلك لان هذا الأمر أصبح خطيراً جداً لان هذا الموضوع يفتح للمشعوذين والكهنة والعرافين بالتدخل المباشر على هؤلاء الأشخاص، وهم ذوو الأنفس المريضة والضعيفة والمرتزقة والذين يذهبون ضحية الشرك والدجل، الحذر الحذر.

التشخيص الخاطئ لدى المعالجين

نقف قليلا عند هذه الملاحظة الهامة، التي أخطأ بها الكثير من المعالجين، بأن الأعراض هي دليل ثابت على وجود جني داخل الجسد ومن هذه الأعراض ما يلي :-

* الخدر * الم في المعدة * الوسوسة * الأحلام المفزعة * القلق* الصداع * الصرع * التشنجات * الشرود الذهني * النسيان * ورؤية السقوط من مكان عالي* المشاكل العامة * والقرض على الأسنان في المنام * وغيرها من أعراض.

هذه بعض الأعراض التي شخصوها الكثير من المعالجين وجعلوا منها الإصابة فقد اخطأوا في ذلك الأمر، فبعد الدراسة الكافية تبين، بأن أكثر من (٨٠) بالمائة لا علاقة بهذه الأعراض الذي يشتكي منها الكثير من المصابين فعلياً، لذلك يجب على المعالج أن لا يأخذ هذه الأعراض بعين الاعتبار ويحتسبها من أعراض الجن ،بل يجب عليه أن يشخص الحالة بمعرفته وخبرته وعلى الانعكاس الذي يحدث أمامه أثناء القراءة على المصاب، لذلك أمر التشخيص مهم جداً للمعالج، فالتشخيص السليم والصحيح هو العلاج، واذا وجد الدواء بَطُلَ الداء .

السحــــــر

قال تعالى :- ﴿قَالَ أَلْقُوا فَلَمَّا أَلْقَوْا سَحَرُوا أَعْيُنَ النَّاسِ وَاسْتَرْهَبُوهُمْ وَجَاءُوا بِسِحْرٍ عَظِيمٍ﴾ (١)

لقد بين القرآن الكريم بأن السحر موجود ولكن الضار والنافع هو اللـه وحده والذي يعتقد بان السحر يضر وينفع بغير إذن اللـه فقد كفر وأشرك والعياذ بالله وهنا أريـد أن أوضـح نقطه هامة في شروط اكتمال السحر :-

- المراد سحره .

- الجني الذي يتوكل بالسحر، إذا كان السحر المصنوع يوكل به جني.

ملاحظة هامة / هنالك أنواع من السحر لا يوكل به جني أو شيطان مثل أصحاب الأوهام والنفوس القوية وسحر التخيل مثلما فعلو سحرة فرعون إنما كان من باب الشعبذة لقوله تعالى:

﴿ يُخَيَّلُ إِلَيْهِ مِنْ سِحْرِهِمْ أَنَّهَا تَسْعَى﴾ (٢)

- مادة السحر، إما أن تكون في الطعام أو في الشراب أو حجاب أو عقد أو بخور يحرق على النار وغيره من طلاسم كفريه يتلفظ بها المشعوذون كي يتم به التوكيـل ويصبح السـحر قائمـا ويكون في أمر التنفيذ والاستجابة.

---

(١) الاعراف: ١١٦.
(٢) طه الآية: ٦٦.

ولا يحدث الضرر إلا بإذن اللـه ،لقوله تعالى (وَمَا هُمْ بِضَارِّينَ بِهِ مِنْ أَحَدٍ إِلَّا بِإِذْنِ اللَّهِ) [1] وإذا تم وقوع السحر فهو من اللـه وحده وهو الـذي يختص بحكمه كـل شيء والـضرر إذا حدث ليس بقوة الشياطين الإنس ، والجن لقوله تعالى (إن كيد الشيطان كان ضعيفا) [2]

قال سفيان بن عيينة حدثنا أبو سعيد عن عكرمة عن ابن عباس : ألقوا حبالاً غلاظا وخشبا طوالاً، قال فأقبلت يخيل إليه من سحرهم أنها تسعى وقال محمد بـن إسـحاق صف خمسـة عشر ألف ساحر مع كل ساحر حباله وعصيه وخرج موسى عليه السلام معه أخـوه يتكئ علـى عصاه حتى أتى الجمع وفرعون في مجلسه مع أشراف أهل مملكته ثم قال السحرة (يـا مـوسى إما أن تلقي وأما أن نكون أول من ألقى * قال بل القوا فإذا حبالهم وعصيهم يخيل إليـه مـن سحرهم أنها تسعى) فكان أول ما اختطفوا بسحرهم بصر موسى وبصر فرعون ثم أبصار النـاس ثم ألقى كل رجل منهم ما في يداه من الحبال والعصي فإذا حيات كأمثال الحبال قـد ملأت الوادي يركب بعضها بعضا وقال السدي كانوا بـضعة وثلاثين ألف رجل ولكل رجل مـنهم إلا ومعه حبل وعصا (فلما القوا سحروا أعين الناس واسترهبوهم) يقول فرقوهم وقال ابـن جريـر حدثنا يعقوب بن إبراهيم حدثنا ابن عليه عن هشام الدستوائي حدثنا القاسـم بـن أبي بـزة قال جمع فرعون سبعين ألف ساحر فألقوا سبعين ألف حبل وسبعين ألف عصا حتـى جعل يخيل إليه من سحرهم إنها تسعى ولهذا قال تعالى: (وجاءوا بسحر عظيم).

---

(١) سورة البقرة آية ١٠٢.

(٢) الاحقاف:

(وَأَوْحَيْنَا إِلَى مُوسَى أَنْ أَلْقِ عَصَاكَ فَإِذَا هِيَ تَلْقَفُ مَا يَأْفِكُونَ (١١٧) فَوَقَعَ الْحَقُّ وَبَطَلَ مَا كَانُوا يَعْمَلُونَ (١١٨) فَغُلِبُوا هُنَالِكَ وَانْقَلَبُوا صَاغِرِينَ (١١٩) وَأُلْقِيَ السَّحَرَةُ سَاجِدِينَ (١٢٠) قَالُوا آمَنَّا بِرَبِّ الْعَالَمِينَ (١٢١) رَبِّ مُوسَى وَهَارُونَ)[١].

يخبر الله تعالى انه أوحي إلى عبده ورسوله موسى عليه السلام في ذلك الموقف العظيم الذي فرق الله تعالى فيه بين الحق والباطل يأمره بأن يلقي ما في يمينه وهي عصاه **[فإذا هي تلقف]** أي تأكل **[ما يأفكون]** أي ما يلقونه ويوهمون انه الحق وهو باطل قال ابن عباس فجعلت لا تمر بشيء من حبالهم ولا من خشبهم إلا التقمته فعرفت السحرة أن هذا من السماء ليس هذا بسحر فخروا سجدا وقالوا **[آمنا برب العالمين رب موسى وهارون]**.

* أنواع السحر *

ذكر أبو عبد الله الرازي أن للسحر ثمانية أنواع وهم :-

أولا - سحر الكذابين والكشدانيين : الذين كانوا يعبدون الكواكب السبعة المتحيرة، وهي السيارة، وكانوا يعتقدون أنها مدبرة العالم وأنها تأتي بالخير والشر وهم الذين بعث الله إليهم إبراهيم الخليل عليه السلام مبطلا لمقالتهم ورداً لمذهبهم ومعتقداتهم الشركية .

(١) الأعراف: ١١٧-١١٩.

ثانيا – سحر أصحاب الأوهام والنفوس القوية : مما استدل على أن الوهم له تأثير بأن الإنسان يمكنه أن يمشي على الجسر الموضوع على وجه الأرض ولا يمكنه المشي عليه إذا كان ممدودا على نهر أو نحوه .

ثالثا – سحر الاستعانة بالأرواح الأرضية : وهم الجن خلافا للفلاسفة والمعتزلة وهم على قسمين :مؤمنون وهم الصالحون والكفار هم الشياطين، إن أصحاب الصنعة وأرباب التجربة شاهدوا أن الاتصال بهذه الأرواح الأرضية يحصل بها أعمال سهلة قليلة من الرقي والدخن والتجريد وهذا النوع هو المسمى بالعزائم وعمل التسخير .

رابعا – سحر التخيلات والأخذ بالعيون والشعبذة : ومبناه على أن البصر قد يخطئ ويشتغل الشيء المعين دون غيره مثال على ذلك إن سحر السحرة بين يدي فرعون إنما كان من باب الشعبذة لقوله تعالى) يخيل إليهم من سحرهم أنها تسعى)

خامسا – سحر الأعمال العجيبة : والتي تظهر من تركيب آلات مركبة على النسب الهندسية كفارس على فرس في يده بوق كلما مضت ساعة من النهار ضرب بالبوق من غير أن يمسه أحد .

سادسا – سحر الاستعانة بخواص الأدوية يعني في الأطعمة والاشربة .

سابعا – سحر تعليق القلب : وهو أن يدعي الساحر انه عرف الاسم الأعظم وان الجن يطيعونه وينقادون له في أكثر الأمور .

ثامنا – سحر السعي بالنميمة والتقريب من وجوه خفيفة لطيفة وذلك شائع في الناس، والنميمة على قسمين تارة تكون على وجه التحرش بين الناس

وتفريق قلوب المؤمنين فهذا حرام متفق عليه، فأما إن كانت على وجه الإصلاح بين الناس وائتلاف كلمة المسلمين كما جاء في الحديث: (ليس بالكذاب من ينم خيرا) أو يكون على وجه التخذيل والتفريق بين جموع الكفرة فهذا الأمر مطلوب كما جاء في الحديث (الحرب خدعة)

.

السحر إذا كان قديم

عندما تكون إصابة السحر قديمة وتأخذ مجال متقدم في الجسم يستطيع الجني أو الشيطان أن يكون قائم على الجسم فيصبح الشيطان بمثابة الإنسان، ولكن هناك بعض الانعكاسات تحدث على الجسد وتختلف اختلافاً كبيراً عن الحركة التي تكون من الإنسان، وبالنسبة للجن الموجود في الجسد يكون مسيطر على الجسد سيطرة كاملة وخاصة على الدماغ وعندما يبدأ الجني بالنزول من الدماغ إلى أسفل القدمين يبدأ الإحساس يعود إلى الجسد وعند انتهاء الجني والخروج كاملاً من جسم المصاب، فالمصاب لا يتأثر أبداً عند إعادة قراءة الرقية عليه مرة أخرى لأن الجني الذي كان يسيطر على الجسد وعلى الدماغ قد انصرف وانتهى تماماً .

الخلاصة / إذا نستنتج هنا أن السحر إذا كان قديماً أو حديثاً والموكل به جني أو شيطان أو أي نوع من أنواع الجن فعلاجه القرآن الكريم وبجلسات مختصرة ولا يوجد أي صعوبة في الاستشفاء أبداً ما دام الإنسان ملتزم في عبادة الله حق عبادته فعلاجه يسير بإذن الله .

العهـــــــود

وينقسم العهد إلى قسمين :

أولا : عهد شيطاني يقترن ويلازم الشخص الذي يتعامل بالسحر .

والعهد هو قسم يتلفظه الإنسان مع الشيطان كي يكونوا مترابطين ومتحدين لا يخون أحدهم الآخر وهذه الأقسام هي قسم البرهتية وقسم أللاهوتيه وهي من أهم الأقسام الكفرية التي يتلفظها الإنسان المعاهد لشيطانه، ولكن الشيطان سرعان ما ينكث عهده حتى لو كان الإنسان يسير في طريق الضلال، فالعهد هو علاقة ربط الإنس والجن مع بعضهم البعض، وهذا العهد هو حلقة اتصال مباشر مع الشياطين، والعهد إما أن يكون حجاباً أو خاتماً يلبسه أو عقدا يعلقه وحسب التعليمات والتعامل وغيرها من شركيات وهذا النوع يعتبر من أنواع السحر لان ذلك يوكل به أحد الشياطين كي يكون خادماً لهذا العهد وكثيراً ما نجد هذا العهد عند أصحاب (الطريقة) وهم يعتقدون أن هذا العمل هو من عمل الأرواح الروحانية النورانية ولو تيقنوا بذلك لوجدوا هذا الأمر باطلا وغير شرعي كونه مؤدي إلى الضلال والشرك والكفر، والعبادات المتبادلة بين الأنس والشياطين من دون الله .

ثانيا : عهد شيطاني يقترن بالمصاب.

كثيراً من المعالجين الذين يعالجون بغير القرآن أي عن طريق الشعوذة وعن طريقة الكتابات التي تكتب للمصاب كي يعلقه او يحتفظ بها وهو حجاب يوكل به جني كي يصرف عن الشخص الإصابة ويحميه ولو عُرف مدى خطورة هذا الأمر لاجتنبوه لأن الإصابة الثانية هي أخطر بسبب التوكيل بالعهد، أي أن

الشخص يصاب بالسحر لان العهد لا يتم إلا عن طريق سحر يوكل بـه جنـي او شـيطان وغالبا ما يكون شيطان، وإذا ما نقض المصاب العهد لن يشفى أبداً وهذا الأمر يعـود إلى المعـالج الذي يعالج بالقرآن الكريم وتشخيصه السليم ومعرفته الجيـدة بإصـابة العهـد وكيفيـة معرفتـه بالعهود، ويقوم المعالج بإعطاء برنامج علاجي للمصاب وهو قراءة سورة البقرة يوميا لمـدة (٤١) يوما كي يستطيع التخليص من إصابة العهد .

ملاحظة / إذا كان الشخص المصاب (ذكرا او أنثى) مصابا بإصابة العهد وعنده إصابات اخرى لا يتم الشفاء من الاصابة الاخرى أبدا إلا بعد الانتهـاء مـن العهـد أولا وبعـدها يـتم علاج الإصابات الأخرى إن وجدت عند المصاب .

التشخيص والعلاج بالرقية الشرعية وكشف الاصابة بالطرق الحديثة

بعد الدراسةالكافية لعدة سنوات مـضت والابحـاث والتجـارب العمليـة والنظريـة وتطور علوم الرقية الشرعية تم معرفة (**العلوم الحديثة في علم الإشارة**) في تشخيص الاصابات الروحيـة وغير الروحية وعلاجها في اقل وقت وجهد ودون تعقيـد وغيرهـا، وعلـم الإشـارة مـن العلـوم الاجتهادية والإسلام يقاس بأربع عوامل أساسيه كما هو معروف وهي :-

١ – القران الكريم .

٢ – السنة النبوية المطهرة .

٣ – الاجتهاد .

٤ – القياس .

الأمراض الروحية وأنواعها – (السحر)

أنواع السحر وعلومه

أولا : سحر الربط : وينقسم إلى عدة أقسام :-

- **سحر ربط عام :** هو ما يكون شامل لجميع أنواع الربط والمعروف عن السحرة .

- **سحر ربط مضره :** أي انه يوقع الضرر على المسحور وحسب ما يطلب مـن الـشيطان او الجني الموكل ويكون خادما للسحر .

- **سحر ربط مصلحه :** وهذا النوع من السحر يكون لمصلحة من قام بعملـه إن كـان الأمـر ايجابيا او سلبيا .

مثالا على ذلك / ان تقوم الزوجة بعمل سحر لزوجها كي يكون تحـت تـصرفها وسيطرتها عليه في كل الأمور والأحوال وكثيراً ما رأيناه وتم الاعتراف به من قبل عاملي السحر.

- **سحر ربط جلب :** أي أن هناك من الناس ما يقوموا بعمل سحر ما لإنسان ما حتى يـتم جلبه في وضع ما ولمصلحة الجالب .

مثالا على ذلك / يقوم شخص ما بعمل سحر لفتاة كي يجلبها بغـرض القبـول في الـزواج او لأمر غير شرعي مثل الزنا وغيره وهناك من الحـالات الـتي وقعـت بـذلك الأمـر يـسبب الـضعف الديني عند هؤلاء من الناس الضالة عن الحق والدين..

- **سحر ربط سيطرة :** ان هناك من الناس ما يقوموا بعمل سحر حتـى يـتم الـسيطرة عـلى إنسان ما في أمر ما .

- **سحر ربط تغوير** (انسداد اعضاء المرأه) وخاصة ليله زفافها .

مثالا على ذلك / أن لمثل هذا السحر له الأثر الكبير في التأثير النفسي على المصابة وزوجها لان سحر التغوير يصيب الجزء السفلي من الأنثى فيجعل منطقة الفرج شديدة وقاسية ولا يستطيع الزوج جماع زوجته لحين فك السحر وطرد الموكل بذلك مما يسبب ارتخاء قضيب الزوج وفشل العملية الجنسية بسبب الحالة النفسية التي تلحق في الزوج.

* **تعريف سحر الربط :** والمقصور بسحر الربط هو عدم إكمال أو عدم تيسير اوتوفيق او نجاح عمل ما يتعلق بالمسحور فيؤثر على سلوكياته فيقترن الجني بالإنسان اقترانا خارجيا مما ينفث الجني سمومه بين المسحور والامرالمطلوب واما النوع الاخر من الربط وهي درجة (العقد) وهذا يعني ان الجن يتسلط على عضو الذكورة عند الرجل فإذا قام الرجل بعملية الجماع اصبح عضوه في حالة تعطيل واذا كان الرجل بعيدا عن زوجته يكون في حالة طبيعية اي انه يكون سليما من ناحية الجماع وفي حال اقترابه من زوجته يصبح عاجزا عن القيام بذلك لحين فك السحر الموجود وطرد خادم السحر عن طريق الرقية الشرعية .

* علاج هذا النوع من السحر .

هناك عدة طرق في علاج سحر الربط ونذكر الايسر منها :-

- القراءه على الشخص المصاب من قبل معالج بالرقية الشرعية ذو خبره ومعرفة قوية وملما بالاصول الشرعية والقواعد الصحيحة في علوم الرقية ؛ وعلامة سحر الربط اثناء جلسة القراءه هي انفراج الخنصر قدر درجتين او

درجة ونصف اودرجة واحدة او انفراج الشاهد قدر درجتـان او يـتم سـقوط اطراف اليدين للاسفل دون انفراج .

- وهناك نوع اخر من سحر الربط يبطل عندما يتم اخراجـه وحرقه واذا كـان مكتوبا عـلى قطعة من معدن يتم القراءة عليها ومن ثم صهر ذلك المعدن فيتم إبطاله بإذن اللـه، فعملية صهر المعدن تقوم على فك العهد الذي هو بين الـشيطان والسـاحر فيبطل مفعول ذلك ويتم صرف الجني الموكل بالسحر والمعاهد له .

ثانيا : السحر العام :

ان السحر الحقيقي والمتعارف عليه مـن قبـل السـحرة والمشعوذين واعوانهم مـن الجـن والشياطين ما هو إلا تسليطهم عـلى إنسان مـا فيؤذوه بعـدما يـؤدي السـاحر طقـوس الـشرك وعبادته للجن والشياطين فيؤدوا للساحر بالمقابـل مـا يطلبـه منهم فإذا امر الـساحر الجـن والشياطين بالإيذاء فيذهب الجن إلى الانسي ويقترن بجسده حتى يبدأ بالايذاء وحسب ما كلف بـه الجني والارواح الخبيثـة مـن الـشياطين ومـن قبائـل الجـن وان تـأثيرهم وتسليطهم ونـشر سمومهم بين الناس الا على اصحاب النفوس الضعيفه والقلوب الفارغـة عـن ذكـر اللـه وميـل هذه النفوس إلى الرغبات وقله التوجه إلى اللـه والخوف من هذه المسائل دون اللـه سبحانه وتعالى، وبخصوص كيفية إبطال السحر لا تكون إلا بالرقية الشرعية صادقة التوجه لله .

علاج هذا النوع من السحر

- طرد الجني المقترن بالجسد .

- رفع الوضع النفسي لدى المصاب .

- طرد الخادم الموكل بالسحر عن جسم المريض فيبطل تأثير السحر بإذنه اللـه .

- الالتزام بالأذكار والمحافظة على الصلاة .

ملاحظة / إن قوة الراقي تؤثر على نفس المرقي فيقع بين نفسيهما فعل وانفعال كما يحدث بـين الداء والدواء كلما كان تأثر الراقي على المصاب كلما كان الدواء نافع بـإذن اللـه لان الإصابة الروحية الخبيثة لا يتم طردها إلا بالاستعانة بالله والتلاوة بكلام اللـه والنفث والتفل والتي تخرج من قلب الراقي وفمـه فمـما يـؤثر في نفس المـصاب فيمتزج الدواء على الداء فيبرئه بإذن اللـه .

* تعقيـــــــب :-

- **سحر الربط : كيفية عمل سحر الربط .**

يقوم الساحر الانسي بعقد الرجل عن المرأه اوعقد المرأه عن الرجـل وهنا في هـذه الحالة تكون العقد من الخيوط بحيث يتم النفث على العقد التي تعقد ويذكر عليها الـشيطان الموكل بذلك وتتفاوت مجموع عدد العقد حسب ما يقوم به الساحر بالتوكيل ونوع الـسحر واقصاها احدى عشرى عقدة كما سُحِرَ النبي صلى اللـه عليه وسلم وهي (١١) عقدة ونزلت المعوذتين بعدما عقد الرسول الكريم وكانت عدد الايات التي نزلت (١١) ايـه وتـم ابطـال سـحر الرسول صلى اللـه عليه وسلم وهنا في هذه الحالة من

السحر لا ينطق الجني على لسان الشخص المسحور الا اذا تمت المماسه للجسد وهي في حالات نادرة، والانعكاس الذي يحدث اثناء القراءة انفراج الخنصر قدر درجة واحدة و الله تعالى اعلم .

- السحر العام :

يقوم الساحر بصنع السحر ويتم تسليط الجني المخصص بذلك على الانسي من خلال التوكيل المباشر للاضرار به فيحدث له الخلل في السلوك والافعال والأقوال ومما يسبب الاكتئاب النفسي والسلوكي المكتسب خلال فترة الإصابة فالسحر يؤثر تأثيرا قويا في الأنفس البشرية وهذا سببه ضعف التحصين عن الإنسان مستغلا فتره وضعف وغضب الإنسان وأثناء القراءة عليه تنعكس الاصابه على اطراف اليدين مما ينفرج الخنصر والشاهد .

ملاحظة : السحر العام يكون عمله في نطاق ما يوكل به الساحر من تفريق عام وجنون وامراض مختلفة ومحبه وكراهيه وتخييل وغير ذلك .

السحر السفلـــــــي

والسحر السفلي هو طلاسم كفرية تكتب على نجاسة مثل دم الحيض أو البول أو المذي وغيرها من نجاسات وهي أخطرها، والسحر السفلي يوكل به شيطان، لأن الشيطان يكون مرغم بالنجاسة لأنها من صفاته وهو دائماً موجود عليها، والسحر السفلي إما أن يكون حجاباً يكتب عليه بالنجاسة أو يوضع في الطعام، وإذا كان السحر مكتوباً فإن قراءة آيات الرقية على المصاب يبطل السحر ولا يكون له أي تأثير بعد القراءة واكتمال جلسات العلاج وحدها ثلاث جلسات بإذن الله، وإذا كان السحر مأكولاً فإن قراءة آيات الرقية على المصاب

تؤدي إلى استفراغ جميع ما في المعدة لأن السحر يكون ملصق على جدار المعدة، ومن المستحيل أن يخرج هذا السحر إلا بالقراءة، والشيطان الموكل بهذا السحر يكون خارج الجسد، فسيطرته وتأثيره يكون خارج جسم الإنسان، وهذا السحر له انعكاس على الجسد بإشارات معينة تعرف عن طريق، أصابع اليد والقدم وهذا يعود لخبرة المعالج في التشخيص السليم والدقيق، وهناك بعض إصابات السحر الموجود عن طريق الطعام يكون الشيطان في درجة اللبوس أثناء قراءة الرقية عليه وهذا الأمر يكون حسب تكليف الشيطان (توكيله) من الساحر

.

السحر العلوي

السحر العلوي إما أن يكون حجاباً أو عقد أو طعاماً وهو عبارة عن ألفاظ أو كتابات باللغة القرآنية أو كتابات باللغة المعكوسة أو المتقطعة ويوكل به الجن العادي أي من الأصناف والأقل درجة من الشياطين وهذا ما يسمى بالسحر العلوي، والجن الموكل بالسحر العلوي تكون سيطرته خارج الجسد ولكن تأثيره يكون واضح على الأعصاب والدماغ لأن السيطرة والتأثير هنا تكون عن طريق الإرساليات والموجات الخاصة بالجن الموكل بهذا السحر فيتأثر به الجسم وخاصة العقل، فإذا اختل العقل اختل الجسم كله من ناحية الأفكار والتصرفات والأعمال وغيرها من الأمور السلبية، وعند قراءة آيات الرقية على المصاب بهذا النوع من الإصابة فتبدأ عملية الانعكاس على الجسد ومن ثم عملية الصرف والطرد عنه، ويصبح الجسم سليماً وخالي من الإصابة بإذن الله تعالى .

سحر الزار (سحر الترانيم)

وهذا النوع من السحر يطابق ما يقوم به أصحاب الطرق وغيرهم من أصحاب العبادات مثل الرقص وضرب الدفوف والطبول والأناشيد وغيرها من عادات وعبادات شركية وطقوس شيطانية كفرية بحتة.

الفرق بين السحر العام والسحر الأسود

السحر العام : يتم السحر العام في مسائل حركيه محدودة ويحدث هذا السحر عن طريق طقوس معينه على أن يتم الذبح للشيطان وأعوانه أو كتابة بعض الآيات القرآنية بكتابات معكوسة والتلفظ بطلاسم كفريه بحتة فيها الكفر والشرك بالله لتلبية ورضا الشياطين وأتباعهم.

السحر الأسود : هذا النوع من السحر يقع تحت قوه مضاعفه بالإضافة إلى مساعدة القرين، ٩٠% من الإصابة والانعكاس الذي يحدث يكون سببه القرين لان القرين في هذا النوع من السحر يكون هو المسيطر عليه من قبل الشيطان الموكل بالسحر، وعندما يتم الصرع أثناء القراءة على الشخص المصاب فيكون هذا الصرع من تأثير الضغط على القرين، ولا يتم السحر الأسود إلا بالسجود للشيطان والخضوع إلى رغباته مثل الزنا في محارمه أو اللواط وذبح القرابين لإبليس والدوس على كل الديانات لكي يقوم الشيطان بالخضوع لأوامر الساحر وتلبية رغباته المحدودة .

أعراض السحر الأسود :-

سمي بالسحر الأسود كونه يصنع في دائرة مظلمة ومعتمة جداً وحسب تعليمات وأوامر الشيطان، أعراض هذا السحر عند الشخص المصاب بهذا النوع من السحر هو :-

١- الاكتئاب النفسي المستمر.

٢- الخوف من الشخص الذي قام بسحره بمجرد رؤية هذا الشخص

(أي الذي قام بالذهاب إلى الساحر و صنع له السحر).

٣-رفض الزواج و الكره منه والانفعال الشديد عند سماعه لهذا الموضوع .

أ - الانفعال الشديد .

ب - الغضب ويصاحبه الوضع السلوكي السيئ .

ج - حدوث التشنجات وفقدان السيطرة

الطرق المتسلسلة لعلاج السحر الأسود

ليس كل من عالج بالقرآن الكريم يستطيع علاج هذا النوع من السحر لأنه يوجد عدة عوامل وطرق لإنجاح عملية العلاج، لان هذا السحر بالذات هو من أخطر وأصعب أنواع السحر فلا يجوز لأي مجتهد أو معالج بتقديم نفسه لعلاج هذا النوع من السحر والسبب هو تعامل المعالج الصحيح والمعرفة الجيدة والعلم الكافي في أُمور لمثل هذه الأنواع من السحر كي يستطيع العلاج الصحيح دون تعقيد الأمور وتفاقمها لان القرين يلعب دوراً كبيراً في الإصابة لان القرين هنا

مسيطر عليه من قبل الساحر وخادم السحر، ونضع هنا بعض النقاط الرئيسية فيما يسمى بالعامل الرئيسي لهذا السحر (السحر الأسود):

١- العامل الرئيسي في التأثير على المسحور هو القرين وجميع الحركات التي تنعكس على الجسد هو بسبب الضغط على القرين وتحديداً ٩٠% من السيطرة والأذى الذي يكون قائماً على جسد الإنسان هو من القرين .

٢- خادم السحر هو مارد من الشياطين ويكون الخادم خارج الجسد والمادة السمية في جسد المصاب يتم نفوذها واختراقها من قبله إلى جسد المسحور ويقع السحر على قرين الإنسان مما يحدث السيطرة الكاملة على جسد المصاب لحين زوال الإصابة عن طريق الرقية الشرعية عند معالج ملما وذو خبرة كبيرة حتى يتمكن من إنهاء هذه الإصابة دون تعقيد وهذه الإصابات نادرة في الدول الفقيرة لان هذا النوع من السحر يكلف ثمنا كبيرا في صنعه لان هناك من المواد التي تدخل بصناعة هذا السحر غالية الثمن فلا يستطيع مقدور أي شخص بالقيام بعمله إلا الأغنياء من الناس .

٣- إن الشخص المصاب بهذا السحر يكون مدركاً للتصرفات والأفعال التي يقوم بها علماً بأن الصرع هو من القرين وليس من خادم السحر .

أما الطرق المتسلسلة لعلاج هذا النوع من السحر بالنسبة لمعالج ذي خبره كبيرة في هذا العلم فهي كما يلي :-

١- القراءة المستمرة بقوة وعزم على المصاب بطرد الموكل بالسحر (خادم السحر) والمقترنين من الجن وأتباعهم .

٢- مسك الشخص بقوة إذا كان ذكر والقراءة عليه باستمرار وخاصة آية الكرسي والآذان، وإذا كانت أنثى يتم مسكها من قبل أهلها ويتم تقديم

التوجيهات من قبل المعالج إلى المصابة والقراءة عن بعد دون الاقتراب منها أو مسكها .

٣- يجب على المصاب أن يردد آية الكرسي مع المعالج باستمرار لحين زوال الاهتـزاز والسـيطرة الكاملة على الجسد .

٤- سيطرة الشخص المصاب علـى نفسه ومقاومـة السـيطرة الخارجيـة التـي تحـدث لـه عنـد القراءة .

٥- تثبيت حركة القرين وفك السيطرة عن طريق التنظيم ومنع الحركة عن الجسد نهائيا .

العمل بهذا العلم فرض واجب على كل من تعلمـه لان هـذا العلـم بمثابة إغاثة الملهوف وتفريج كربة المكروب وهو من أعظم الجهاد في سبيل اللـه، لذلك فلا يجوز لمن لا علم له بعالم الجن ومعرفة العلاج والتشخيص السليم دون ملابسة في الإصابات أن يقـوم بـالعلاج لأنه يـؤثم عليه إن كان قاصد وغايته المال او الاجتهاد على نفسه دون اخذ العلم من الآخرين الـذين هـم أهل التقوى والمعرفة في مجال الرقية الشرعية وعلومها.

- سحر منع الحمل (السحر المشترك) .

يعقد الساحر مجموعة من الخيوط ويوكل به من الارواح الخبيثة من الشياطين ومن عامة الجن المدربين على تنفيذ المهمة بنجاح فيتوكل الجني ومن معه مـن معـاونين مـن ابنـاء جنسه لاحداث الضرر بإسم المراد توكيله فيطلب الساحر منهم على عمل عقد عـلى مبايض الزوجة او منع وصول الحيوان المنوي سليما في الرحم او قتل الحيوانات المنوية قبل وصولها إلى البويضة او حدوث

الالتهابات الشديدة عند المرأه فيحدث الضرر وعدم حدوث الحمل وسميه بالسحر المشترك لان المشتركين بذلك هم الزوجين معا.

- ازدواجية السحر : أي أن هناك من الناس قد يكون مصاب بأكثر من سحر في آن واحد وتظهر هذه الإصابة من الجلسة الأولى من القراءة أيضا .

السحر الذي يتعرض له الأطفال

كيف يتم سحر الأطفال، ونحن نعرف أن الطفل لا يتم سحره أبداً أي أن (الطفل لا يمكن يتم التسليط عليه مباشرة) وإنما يتم إصابة الطفل بالسحر في عدة أمور وهي -:

١- إذا كان السحر مصنوعاً للأم أو للأب وتم كتابة أسماء الأطفال في السحر المصنوع مع الأب أو الأم فيتم هنا إصابة العائلة بالسحر ولكن غير مباشر والمقصود به هو أن السحر هنا خصص للأب أو للأم أو الاثنين معاً فقط، فتكون الإصابة مع الأطفال غير مباشر ولكن يتم التأثير على الأطفال بسبب وجود الإصابة في أحد أطراف العائلة .

٢- إذا كان الطفل الذي أصيب بالسحر ينطبق أوصافه مع الآخر المراد سحره عن طريق عائلته من الممكن أن يتم أيضاً السحر غير المباشر لهذا الطفل الذي يتصف صفاته مع الطفل المراد سحره فيتم هنا إصابة الآخر بشكل غير مباشر ولكن يكون الطفل تحت التأثير، عند قراءة الرقية على العائلة كاملةً بنية الشفاء يتم الانتهاء من الإصابة تماماً وإعطاء البرنامج المناسب وهو برنامج تلاوة مجموعة من آيات القرآن الكريم وهذه الإصابة تأخذ أما جلسة أو جلستان وحسب قوة الإصابة عند العائلة وحسب التزامهم .

سحر خصائص المواد :

وخصائص المواد هي المواد التي توضع في الطعام ويتم توكيل القرين بتنفيذ المهمة وإيقاع الضرر بصاحبه .

إن خاصية هذا السحر له الأثر الكبير والتأثير الشديد على الشخص المصاب ولا يستطيع المعالج تشخيص هذا النوع من السحر إلا ذوي الخبرة الكبيرة والكافية لأنه لا يوجد أي انعكاس له أثناء القراءة على المصاب وهذا السحر غير مألوف عند عوام الناس ولمثل هذه المواد هي النجاسات والأظافر وبعض جلود الحيوانات والزواحف ودم الحيض ومني الرجال أو ماء المرأه وهناك مواد تستخدم كي يكتسب الشخص البلادة وعدم الغيرة وعدم الاكتراث في كثير من الأمور ومن أمثلة هذه المواد(مخ حمار أو خنزير) .

تعقيب / إن عالم الجن عالم كبير لا يعلمه إلا القليل القليل، فمنهم المكذب ومنهم المصدق ومنهم من يخوض بالكلام لا مع هؤلاء ولا مع هؤلاء وان لهذا العالم وهو عالم الجن قائم بحد ذاته وبه من الغيبيات الكثير الكثير والتي لا يعلم عن أسرارها إلا الله وحده وعدد من خلقه الذين اصطفاهم إليه وان لهذه المخلوقات الأسرار العجيبة والغريبة والتي من الصعب أن تكون عند الإنسان ولهم من الخوارق الكثير ولكنهم محدودين في التصرفات والأفعال وخاصة عندما توفي سيدنا سليمان الذي حكم بين الأنس والجن في زمانه وعهده، وهناك أقوام وخدام وملوك وحكام وكبار من الجن في عالمهم الأثير، ومنهم المثقف ومنهم غير ذلك، وهناك من الجن المتخصصين في أمور السحر وكيفية التعامل الشخصي مع الأنس وسحرة الأنس وهناك مجموعة كبيرة من الجن والشياطين

يقومون على التدريب والتدريس بعناية فائقة وكيفية استخدام الأساليب التي تؤثر على مدارك الإنسان وكيفية التعامل مع الإنسي وخاصة المراد سحره ويتدربون بدقة متناهية على كيفية النفوذ إلى قلب ومدارك ومراكز الحس وأعصاب الإنسان وهم أقسام وفرق مختلفون ومنهم من يقوم بالتدريب على كيفيه دخولهم بجوف الإنسان في حالة سحر الطعم أو السقي وهم منظمون لا يعصون أوامر كبرائهم وحكامهم وملوكهم .

- السحر الذي هو عن طريق الطعام والشراب .

ان سحر الطعام له اثار كبيرة على جسد المسحور كون السحر يوضع داخل الطعام ومن ثم في المعدة عن طريق جوف الشخص المراد سحره وهناك من الجن المنفذ لهذه العمليه يكون قد استكمل تدريباته من اتباعه من الشياطين على كيفية الدخول في جوف المسحور اذا كان التوكيل(لبوسا) واذا كان مقترنا فيكون الجني اوالشيطان الموكل بالسحرخارج الجسد وسحر الطعام يكون مستقرا في معدة المسحور لحين القراءة على المسحور واستفراغ المادة التي وكل بها.

سحر الطعام يكون في أمرين :-

أما الأول : يدخل الجني او الشيطان في جوف المراد سحره مع الطعام او الشراب حسب المادة المصنوعة فيستقران في معدة المصاب، فيقوم خادم السحر بالإيذاء وتنفيذ ماطلب منه من مهام وفي هذه الحالة يكون الجني الموجود بالجسد كمثابه الجسد اي انه يأكل ويشرب ويتنفس ويقوم وينام مع الشخص المسحور ولكنه يكون في درجة الفتور واثناء القراءة على الشخص المصاب نجد ان الاصابه الروحية بدأت تتفاعل مع الرقية فيحدث الانعكاس على اطراف

القدمين اولا ومن ثم تنتقل الحركة إلى اليدين او يحدث الانعكاس معا في بعض الحالات من الاصابات وحسب قوة ودرجة الاصابه وبعد فتره من وقت القراءه التي لا تتجاوز العـشرة دقائق مما يبدأ الجني بالضغط على اعصاب المعدة فتهـيج المعـدة وتبـدأ المعـدة بطـرد السـحر الخبيث عن طريق الاستفراغ وبعدها يتم لبوس الجسد من قبل خادم السحر فينصـرع الـشخص المسحور مغشيا على الارض في حاله الغيبوبه فينطق الجني صارخا بالتحدث حسب مـا يطلـب منه .

ملاحظة / الأمر الأول خروج مادة السحر من معدة المصاب يكون الجني في حالة تأهب للخروج عندما يكون الشخص مصرعا مـن قبـل خـادم السـحر وذلـك عنـدما يـأمر المعـالج الجني بالخروج فيخرج صاغرا أنفا عنـه دون مراوغـة ويكـون خروجـه مـن طـرف القدم اليسرى فيستيقظ الشخص دون علم بما حدث له ويقرأ عليه بعد ذلك مـرة أخرى فنجد أن المصاب قد تعافى من السحر بإذن الـله سبحانه وتعالى.

وأما الأمر الثاني : تدخل مادة السحر في معدة المصاب ويكون الجني في هذه الحالـة مقترنا بجسد المصاب وتكون هذه المادة كمثابة ربط الجني بالجسد وعند القراءة يتم استفراغ المادة الخبيثـة وطـرد خـادم السـحر مـن حـول الجـسد دون إن يـصرع الشخص المصاب لان الجني ليس متلبسا بل مقترنا فقط ويكون الـشخص المـصاب في غاية الوعي والإدراك.

أسباب ومسببات السحر وعلاجه :-

أولا :- أسباب السحر .

إن من الأسباب التي وقع بها الكثير مـن النـاس في أمـراض السـحر هـو الحقـد والبـغض والكراهية التي تفشت بين الناس وبين المجتمع عامة فهناك من الناس

من يذهب إلى السحرة لصنع سحر ما لشخص ما بسبب بعض المشاكل التي هي بينهم او في سبيل كسبه لمصلحة خاصة في نفسه او في سبيل تعطيله عن بعض الأمور الحيابية التي من الممكن ان يفشل المسحور فشل كاملا في حياته وعدم التقدم في مجال أمره بل من الممكن ان يصاب بمرض معين تودي بحياته إلى الأبد

ثانيا :- مسببات السحر .

- الأمراض دون سبب طبي .
- تعطيل الزواج للطرفين (الذكر والأنثى) .
- عدم الإنجاب دون أسباب طبية .
- الشلل دون سبب طبي .
- الصرع دون سبب طبي مقنع .
- الطاعون .
- تساقط الشعر دون سبب طبي.
- بعض من الحالات النفسية .
- عدم القدر على الجماع .
- الضعف العام دون أي سبب .
- بعض من حالات الجنون وغيرها من الأمراض والإصابات .

ملاحظة : ان من هذه المسببات العبر الكثيرة والمواقف الكبيرة التي واجهناها منذ بداية استقبال الحالات المرضية والقراءة عليها ولغاية الان وهناك من الحالات المدونة والمسجلة على أشرطة الفيديو تثبت بذلك والمئات بل الألوف من الحالات التي عولجت بالرقية الشرعية والتي عجز

عنها الطب الحديث والمتقدم وبفضل العزيز المنان الجبار العلي القدير منا علينا بهذا العلم واعطانا نورا منه نوره وابصر بصيرتا وهدُينا إلى الطريق السليم والنهج القويم، وكانت النتائج طيبة وهناك من الحالات التي عانت الكثير الكثير بين معالج وعطار وطبيب ومستشار، ولله الحمد.

عواقب السحر:-

قالوا أهل العلم والعلماء ان للسحر عواقب وخيمة وهي :-

- إن من السحر ما يمرض .
- إن من السحر ما يفرق .
- إن من السحر ما يعطل ومسبب للفشل في شتى المجالات الحياتية .
- إن من السحر ما يقتل .

ثالثا : علاج جميع أنواع وحالات السحر .

قال تعالى :) وننزل من القران ما هو شفاء ورحمة للمؤمنين) [١].

وقول صلى الله عليه وسلم) ما لم يشفيه القران فلا شفاء له)[٢].

فالقران الكريم والأدعية النبوية والأذكار الصباحية والمسائية هم خير شفاء لأكبر داء بإذن الله تعالى .

(١) سورة الإسراء آية .

(٢) رواه صحيح مسلم.

الطرق العلاجية النافعة بإذن اللـه

الطريق الأولى : استخدام البرنامج الأتي :-

من أهم أمور العلاج بالرقية الشرعية اتباع ما يلي :-

* خلو المكان من الموسيقى .
* خلو المكان من الصور والكلاب.
* إخراج أي حجاب أو تمائم من المصاب وإتلافه، لأنه شرك بالله.
* الاعتقاد الكامل بأن اللـه هو الشافي وحده.
* الالتزام بالبرنامج اليومي المخصص له كي يتخلص من الإصابة خلال المدة المقررة لـه وحسـب التعليمات.
* الابتعاد عن المنكرات والمحرمات وعن التبرج والتشبه وغيره.
* المحافظة على الصلاة وخاصة صلاة الجماعة للرجال وكثرة تلاوة القرآن الكريم .
* تلاوة سورة البقرة على كمية ماء وعلى جلسة واحده بنية الشفاء والشرب منه والاغتسال بها في مكان طاهر يوميا والمدة المقررة من قبل المعالج .

*** تلاوة ما يلي صباحا ومساء ثلاث مرات للمدة المقررة ايضا :-**

- الفاتحة .
- ١ – ٥ من سورة البقرة، الم .... المفلحون .

- ٢٥٥ – ٢٥٧ من سورة البقرة، الله لا اله الا هو الحي القيوم .... هم فيها خالدون .

- ٢٨٦ – ٢٨٧ من سورة البقرة، امن الرسول بما انزل ...... فنصرنا على القوم الكافرين .

- الكافرون .

- الاخلاص .

- الفلق – الناس .

أما الطريقة الثانية على الشخص الذي يعتقد ان هناك من الإصابات الروحية تلازمه فعليه ان يخضع للعلاج عند معالج بالرقية الشرعية ذو خبرة كافية في أمور وأصول العلاج وهذا الأمر يعتبر الأسرع في العلاج لان المعالج هو الشخص الوحيد الذي من الممكن أن يشخص الاصابه إذا وجدت والا فلا، وعلى الشخص المصاب أن يلتزم بالبرنامج الموصوف له من قبل المعالج والالتزام بجميع ما يطلب منه على شرط أن لا تكون هناك معصية والالتزام بالجلسات المطلوبة منه وحسب ما تتطلب حالته وهذا يعود لقوة ودرجة الإصابة الموجودة على الجسد.

أحوال السحر في أربع :

أولا : هوائي : يصنع السحر ويعلق بالهواء .

ثانيا : ترابي : يصنع السحر ويدفن تحت الأرض .

ثالثا : مائي : يصنع السحر ويوضع في ماء جاري او ما يشابهه .

رابعا : ناري : يصنع السحر ويتم حرقه .

الملخص المفيد في علم وحقيقة السحر

السحر هو علم باحث عن معرفه الأحوال الفلكية وأوضاع الكواكب وعن ارتباط كل منها مع الأمور الأرضية وأما حقيقة السحر فهو من الحقائق المبينة والظاهرة وليس كما يزعم البعض ممن قل حظهم من الإدراك وعظم خطئهم من الجهل، والسحر ليس دجلا ولا نصبا ولا احتيالا ولكنه حقيقة واقعية أثبته القران الكريم وهو كلام اللـه والسنة النبوية المطهرة وهي كلام المصطفى صلى اللـه عليه وسلم الصادق الأمين والمكملة لكلام اللـه سبحانه وتعالى والسلف الصالح وكافة العلماء والأمة ولا يجادل به إلا كل معاند أثيم، و اللـه اعلم .

س : هل يجب إخراج السحر من مكانه حتى يبطل وإذا لم يخرج لا يبطل ؟

ج : لا، لقوله تعالى (قَالَ مُوسَى مَا جِئْتُمْ بِهِ السِّحْرُ إِنَّ اللَّـهَ سَيُبْطِلُهُ إِنَّ اللَّـهَ لَا يُصْلِحُ عَمَلَ الْمُفْسِدِينَ) [(١)]

دلت هذه الآية الكريمة على ان السحر لا يبطل الا بتلاوة كلام اللـه سبحانه وتعالى وهو خالق كل شيء ومليكه، فعجبا لمن أراد ان يبطل سحره عند المشعوذين والسحرة وهناك من هو أعظم واجل من ذلك باللجوء إليه ومناجاته والتوسل إليه بكل صدق ويقين ومن يكشف الضر عن المضرورين سوى اللـه .

ان قراءة القران الكريم والرقية الشرعية بنية الشفاء والطرد على المصاب بالسحر يبرأ بإذن اللـه ولكن إذا عرف الشخص مكان سحره لا بأس بإخراجه وقراءة آيات الرقية على السحر وحرقه ومن ثم ودفن، ومن انجح الأمور في

(١) سورة يونس آية ٨١.

الاستدلال عن السحر او الكشف عن الضُر الاستخارة، استخارة الله عز وجل بصدق وقلب مؤمن سبعة أيام متتالية ويطلب من الله عز وجل ان يستفتيه في أمره هذا كما فعل الرسول صلى الله عليه وسلم عندما اصيب بالسحر فدعا الله ولم يستعين بجني أو شيطان أو في ملك حتى يكتشف مرضه وإنما دعا الله ليفتيه في أمره وكان الدعاء مستجابا فبعث الله سبحانه وتعالى له ملكين ليخبراه عن مرضه وفيمن وأين ونحن نعرف أن الرسول صلى الله عليه وسلم قدوة حسنه فعلينا أن نقتدي به ونسير على نهجه حتى لا نضل أبدا .

س : هل الحجامة تبطل او تفيد في علاج السحر ونحو ذلك .

ج : ان استخدام الحجامة مفيد بشكل عام للجسم ونحن ننصح باستخدام الحجامة كون الرسول صلى الله عليه وسلم أوصى بها عندما قال (عليكم بالحجامة) فالحجامة من وصايا الرسول صلى الله عليه وسلم ولو لم تكن بها فائدة الكبيرة ما أوصانا بها أبدا، والحجامة هي عبارة عن إخراج السموم من جسم الإنسان عن طريق خروج الدم الفاسد، ويعد السحر من السموم التي تختلط وتنتشر في جسم الإنسان .

س :هل أكل التمر يوقي من السحر .

ج : يقول الرسول صلى الله عليه وسلم «**من تصبح بسبع حبات من التمر لم يصيبه سم ولا سحر ذلك اليوم** »[1].

ان أكل التمر يمنع وقوع السحر ولكن ليس كل سحر كما فهم الكثير من الناس والمقصود بالسحر الذي من الممكن ان ينفذ إلى خلايا الجسم من خلال

---

(١) رواه مسلم في صحيحه

المادة التي تغذي الجسم بالسموم وكما ذكرت سابقا ان السحر هو عبارة عن سموم مصحوبة بجني إلى باطن الإنسان كما في السموم الأخرى، وهل التمر حل السحر الذي اشتكى به الرسول صلى الله عليه وسلم ، علما بأنه قد مكث أياما واسابعا بل اشهر في مرضه وكان طعامهصلى الله عليه وسلم التمر ولم يفك سحره أبدا إلا بتلاوة المعوذتين عندما رقاه سيدنا جبريل عليه السلام، وهناك الكثير من الناس يأكل التمر صباحا بل هناك من الناس يأكل التمر ثلاث وجبات في اليوم والليلة وعندما نقرأ عليه القران نجده مصابا بالسحر إما بسحر ربط او سحر عام وما شابه ذلك ولم يحل هذا السحر بأكل التمر .

ملاحظة / إذا نستنتج من ذلك الأمر إن أكل سبعة حبات من التمر تمنع السحر الذي ينفذ إلى باطن الجسد من خلال السموم فقط .

س : هل يجوز شرعا باستخدام الجن كما يقول الكثير من الناس عامة وبعض من علمائنا خاصة .

ج : لا يجوز استخدام الجن المسلم أو غير المسلم على حد سواء لان عالم الجن من علوم الغيبيات لا يعلمه إلا خالقه وان حقيقة استخدام الإنس للجن ما هو إلا الوصول والدخول في الشرك والعياذ بالله .

هناك الكثير من الناس اخذوا مجموعة من الفتاوى على مشروعية استخدام الجن ومن ضمن هذه الفتاوى، فتاوى ابن تيميه رحمه الله فمن الناس من فهمه خطأ فستغلوا هذه الفتوى وأصبحوا يتعاملون مع الجن على حساب علمائنا الأفاضل ،وان استخدام الجن من أبواب الاستدراج إلى الشرك ومن ثم الكفر وكما قال رسولنا الكريم صلى الله عليه وسلم من استعان بغير الله فقد كفر، ولم نسمع يوما على

ان الرسول صلى الـلـه عليه وسلم قد تعامل او استخدم الجن قط بل نهانا الرسول صلى الـلـه عليه وسلم عن ذلك ولنا في الرسول صلى الـلـه عليه وسلم أسوه حسنة لقول الـلـه تعالى (وَمَا آَتَاكُمُ الرَّسُولُ فَخُذُوهُ وَمَا نَهَاكُمْ عَنْهُ فَانْتَهُوا) [١].

والاستعانة بالجن هو نوع من أنواع الاستمتاع والذين لجئوا الكثير من مستخدمي الجن لهذا الغرض ومنهم من يريد قضاء حوائجهم ومنهم من يأخذ هذا الأمر بعين التسلية ومضيعة الوقت ومنهم من يقوم بالإضرار في الناس والكثير الكثير على مثل تلك هذه الشاكلة، وعندما يتعلق المرء على معرفة أسرار الغير بالكشف أو الإطلاع على عالم الجن فتحاول الجن إغواءه في شتى السبل حتى تتمكن منه ويخدع الجني الإنسي موحيا إليه بأنه مسلم ومؤمن حتى انه إذا سمع الأذان فيوحي للناس بأنه ذاهبا إلى الصلاة لتأديتها في المسجد وحقيقة الأمر هو الهروب من الأذان وسماعه منه مما يجعل تعليق قلبه بهم مما يتم استدراجه في التعامل معهم بحلال كان أما حرام .

ومن هذا المنطلق فلا يجوز استخدام الجن ولا في أي حال من الأحوال ولكن من الممكن أن نقوم بتبليغهم على أن يتبعوا شرع الـلـه حتى يستطيعوا تبليغ إخوانهم من الجن لان العلم لا يأتي إلا بالتلقين وطلب العلم واجب على كل مسلم ومسلمة وطريقة تبليغهم في مجالس العلم والذكر والمحاضرات الدينية والخطب وما شابه ذلك من طرق قد يستفيد منها الجن المؤمن بأخذ هذا العلم عن طريق المسلمين من البشر، و الـلـه سبحانه وتعالى اعلم.

(١) سورة الحشر آية ٧.

المـــــس

المس أنواعه وأعراضه

قال تعالى ﴿الَّذِينَ يَأْكُلُونَ الرِّبَا لَا يَقُومُونَ إِلَّا كَمَا يَقُومُ الَّذِي يَتَخَبَّطُهُ الشَّيْطَانُ مِنَ الْمَسِّ﴾ [1]

دلت هذه الآية الكريمة على ان الذين يأكلون الربا لا يقومون من قبورهم يوم القيامة الا كما يقوم المصروع حال صرعه وتخبط الشيطان له فيكون حاله حال المجنون يخنق، اذاً من هنا نجد ان المس هو تعدي الجن والشياطين على الانسان في بعض الاتجاهات بالاضرار في جسده وعقله كما ذكره الله في الاية الكريمة السابقة . وقوله تعالى) واذكر عبدنا أيوب إذ نادى ربه أني مسني الشيطان بنصب وعذاب .

- الأول : أنواع تعدي الجان على جسد الإنسان .

المس (التلبس) - الاقتران - اللمس .

- **المس نوعان :-**

- **مس زائد (التلبس)** في هذه الحالة يتمكن الجني من السيطرة على مدارك الإنسان والسيطرة التامة على جسده وتكون هذه السيطرة عندما يسيطر الجني على الجسد سيطرة كاملة مما يؤدي إلى فقدان مدارك الشخص المصاب فلا يعقل شيئا مما حدث له كما يفقد الإنسان إحساسه ويتصلب الجسد

---

(١) سورة البقرة آية ٢٧٥.

تصلبا تاما وفي هذه الحالة سرعان ما ينطق الجني على لسان الشخص المصاب ومن أهم علامات الجني المتلبس الجسد اثناء القراءة عليه هي كما يلي :

- إغلاق العينين وغورهما داخل الجفن .

- انتفاخ الصدر .

- النطق المتسلسل دون تردد أو نقصان وإعطاء المعلومات بدقة .

- يتأثر الجني من سماعه للقران .

- يتأثر الجني عندما يضرب حول الجسد .

- الانفعال الشديد عند البدء برش الماء المقروء عليه القران .

- تصلب الجسد كاملا وتبدأ الحركة بالقدمين وانتقال التصلب بالتدريج للأعلى حتى يصرع الشخص المصاب .

- عدم الشعور بأي حدث أثناء صرعه وعدم الإدراك .

- **حالات المس العادية** : تكون سيطرة الجني على مدارك الإنسان سيطرة تامة ولا تكون سيطرته على الجسد كله وإنما جزء منه وتكون هناك حركة بالجسد ولكن لا يصل درجة التصلب الكلي وإنما يتصلب الجزء الماس للجسد وفي هذه الحالة لا ينطق الجني على لسان الشخص المصاب وإنما يحدث ألام نتيجة تحركه في أطراف الجسد .

ومن خلال مسهم لجسد المصاب ومداركه يستطيع الممسوس ان ينظر بعين الجني الماس لجسد الإنسان وبمساعدة قرينه مما يعكس القرين الصورة التي يبثها الشيطان اذا كان خادما للسحر او ماسا للجسد على مرآة عقل الإنسان وهذا ما

يسمى (الجلاء البصري)، وهناك بعض من المصابين المتبوعين من الجن ما يسمعون بعض الأمور عن طريق الوشوشة وهنا ما يسمى هذا الأمر (بالجلاء السمعي) وبعد فترة من الزمن تضعف نفس المصاب مما يجعل الشيطان ذا سيطرة تامة على المصاب ومداركه وهنا يحدث التخيل في كثير من الأمور ومن خارج الجسد.

حالة المس التي تصل إلى الجنون :-

تعقيب / حالة الجنون في أمرين :

الأمر الأول: اما ان تكون من الأمراض العضوية وهي ناتجة عن تلف شديد في خلايا الدماغ وهذه الحالة علاجها عند الأطباء وقد تكون نسبة شفائها لا تتجاوز ١ % ولكن رحمة الله وسعت كل شيء .

الأمر الثاني : وأما ان تكون حالة الجنون بسبب تلبس مستمر ودائم من الجن إلى دماغ الإنسان فيصبح الشيطان هنا كمثابة الشخص نفسه كونه مسيطر على إدراك وإحساس الشخص المصاب، وكلى الحالتين نجد ان الشخص يتكلم مع أناس مجهولين وكلام غير مفهوم للناس العامة ونتيجة رؤيته المباشرة والمستمرة للعالم الآخر وهناك حالات من الجنون التي قرء عليها تم شفائها كاملتا وكانت في غاية التعقيد عند الكثير من الأطباء المتخصصين لمثل هذه الحالات، ولله المنة والفضل وحده.

- **المس الناقص (الاقتران):** إن لهذه الإصابة الأثر الكبير مما يؤثر الجني على مدارك الشخص من الممكن ان ينجح الجني في الإيذاء مرة ويفشل مرة

ويكون الجني مستعدا في حالة استنفار حتى يجد فرصة التمكن من السيطرة على الإنسان وحدوث التطورات بحيث تزداد الحالة سوء .

(تعقيب) الاقتران مسانده فعليه

إن الإنسان بقوته ضعيف جداً فهو معرض لأي إصابة من الإصابات التي ذكرت في بداية هذا الكتاب، نجد أن الإصابة باتت تزداد و خاصة إذا زاد الوهم في نفسه، كثير من الحالات تصاب بالاقتران أي أن مجموعه من الجن تقترن بالجسد لأن الجسد أصبح ضعيفاً وهو معرض بالمواجهة الخارجية من قبل، الجن فيصبح الجسد مصابا فيحدث الضغط على قرين الشخص فلا يستطيع القرين تحمل الضغط الخارجي فينعكس على الجسد ومن ثم على الأعصاب .

الاقتران والقرين هي سيطرة على الجهاز العصبي فالسيطرة تتم عن طريق الدماغ فيتم إرسال إشارات معينه إلى الدماغ ومن ثم إلى باقي الجسد، فنجد أن الإنسان المصاب بهذه الحالة قد تأثر من هذا الخلل المفاجئ الذي طرأ عليه لأن هناك عنصرا غير مرغوب فيه قام بالتدخل فتحدث أصابه فعلية وهو ما يسمى بالاقتران، والاقتران هنا أصبح مسانداً للحالة، عند التشخيص للحالة و القراءة عليها تبدأ الإصابة بالظهور و خاصة في أطراف الأرجل و عند الانتهاء من القراءة يتم صرف جميع الجن المصيب لهذا الجسد بعد رش الماء على الوجه وقراءة آية الكرسي و المعوذات .

الاقتران وما ينتج منه

في بداية حديثي عما يسمى بالاقتران، كما أسلفت سابقا ان الاقتران هو مجموعة من الجن تقترن بالجسد أي تقترب منه، والاقتران يسبب الضغط على

القرين مما يؤدي إلى عدم الاستقرار الجسدي لأنه ينعكس تماما على الإنسان، ومن الممكن ان تحدث بعض الأعراض غير الإرادية بسبب السيطرة الفعلية الخارجية .

أسباب الاقتران

للاقتران أسباب ومسببات منها :-

١ – الحالة النفسية تسبب الاقتران .

لقد ذكرت في هذا الكتاب عن الحالة النفسية وما هو سببها، فالحالة النفسية ناتجة عن أسباب معينة، إما أسباب خاصة او أسباب عامة، ومن هنا تندمج الإصابة بالاقتران الخارجي على الشخص المصاب بحالة نفسية .

٢ – الوهم يسبب الاقتران .

كما نعرف ان الوهم قاتل وهو مرض خبيث فهو يقضي على المشاعر الإنسانية مسببا للحيرة، كثير من الناس يشكون من أعراض لم تكن موجودة في السابق فتوهم له نفسه بمساعد القرين بالإصابة ومن هذا الباب نجد انه فتح المجال للجن والشياطين بالاقتران على جسده فيزداد وهمه على نفسه وخاصة اذا تم عرضه إلى المعالجين الذين لا خبرة لديهم فتنقلب الحالة إلى حالة نفسية مكتسبة، أي انها مصابة بإصابة مزدوجة.

وتنقسم هذه الإصابة إلى قسمين هما :-

أ - إصابة بالوهم .

ب - إصابة بالاقتران او القرين او الاثنين معا .

ومن الممكن ان يصاب بإصابة القرين ويسبب ضعف الجسم بـسبب حالـة الـوهم وحالة الاقتران كون الجسد غير مستقر نفسيا فيحدث الخلل والضعف ومن الممكن حـدوث إصابة مـا تسمى (بمس القرين) .

٣ – الحالة الكاذبة تسبب الاقتران .

لقد ذكرت في هذا الكتاب عن الحالة الكاذبة، ان أهل المدعي بالإصابة قد ذهبـوا إلى عـدة معالجين على ان يقدموا لهم العـلاج للمـصاب ولكـن لا جـدوى في العـلاج وأصـبح الأمـر محـيرا للجميع والحالة المدعية او ما نسميها بالكاذبة لا يوجد لها عـلاج الا الإقـلاع عـن ادعائـه بأنـه مصاب ويجب على المعالج ان يحدد نوع الإصابة وعليه ان يبـين نـوع الإصابة حتـى ولـو كانـت كاذبة او مدعية.

وهناك عدة إصابات من الممكن أن تسبب الاقتران :

– المصاب بإصابة سحر من الممكن ان يسبب اقتران .

– المصاب بإصابة مس من الممكن ان يسبب اقتران .

– المصاب بإصابة الحسد أو العين أو الاثنين معا من الممكن ان تسبب اقتران .

–   الخوف الشديد من الممكن أن يسبب اقتران .

–   الحالة الكاذبة من الممكن أن تسبب اقتران .

–   الذهاب إلى العرافين والسحرة يسبب اقتران .

–   كثرة الذهاب إلى المعالجين المجتهدين وذوي الخبرة القليلة في علم الرقية .

الاقتران وعلاجه

تعريف الاقتران : هو ملازمة عدد من الجن للجسد بسبب الخوف أو الغـضب أو الإصـابة بالحسد أو الإصابة بالسحر وغيرها من الإصابات المذكورة

سابقا وهذا الأمر يسبب ما يسمى بالاقتران هذه التداخلات المباشرة وغير المباشرة تجعل الشخص مقرونا بعدد من الجن فهي تداخلات خارجية على الجسد نفسه مما يحدث بعض المضايقات للإنسان المصاب بسبب شيء غريب قد اثر عليه ومنها أحياناً يتم السيطرة من القرين على الجسد .

والاقتران هنا لا يحدث بالتلبيس ولكن يصبح مصاحبا للجسد وتكون هناك سيطرة واضحة بسبب الاقتران الخارجي الملازم للشخص، وهناك أعراض للاقتران مثل (الخيال والتخيل، الشرود الذهني، الاكتئاب، التخبطات في الأفكار وغيرها) ومن الممكن ان الشياطين تقترن بالجسد إذا نوى الإنسان للصلاة أو في موضوع معين يخص العبادة فيزداد هذا الضغط عليه عن طريق الوسوسة وبمساعدة القرين .

علاج الاقتران

على المصاب بإصابة الاقتران إتباع البرنامج التالي بعد قراءة آيات الرقية عليه والتشخيص من قبل المعالج وتشخيص الحالة جيدا وهو ما يلي :-

- قراءة سورة الفاتحة .
- قراءة أول خمس آيات من سورة البقرة، الم ...... المفلحون .
- قراءة آية الكرسي والآيتان التي بعدها، الله لا اله الا هو ..... خالدون .
- قراءة آخر ثلاث آيات من سورة البقرة، لله ما في السماوات .... الكافرين.
- قراءة سورة الكافرون .

- قراءة المعوذات الثلاث (الإخلاص، الفلق، الناس) سبعة مرات يوميا صباحا ومساءا لمدة ١٤ يوما .

- الإكثار من قول لا اله إلا اللـه وحدة لا شريك له، له الملك وله الحمـد يحـي ويميـت وهـو على كل شيء قدير .

- الإكثار من رفع الأذان وخاصة عند كل آذان .

- المحافظة على الصلاة وخاصة جماعة .

- الخروج من الوحدة (هام جدا)

- يأخذ جلسة أخرى من قبل المعالج .

- اللمس : هي من الحالات التي يتعدى بها الجن لـشخص مـا ينتج عنهـا الإعاقـة العقليـة المؤقتة بحيث لا يستطيع السيطرة على نفسه وسلوكياته وأفعاله، وتسمى هـذه الإصابة في العامية (هفة) وأسباب هذه الإصابة هي الغفلة وقلة ذكر اسم اللـه أثناء الأمور الحياتية أو يكون الجني مقترانا بالإنسان بسبب سحر أو بسبب عين أو حسد أو يكون تابعا للإنسان من باب العشق والهوى ومن الممكن ان يتعدى الجني على الإنسان في حالات أخرى مثل:-

- اعتداء الإنسي للجن بقصد مثل تلاوة العزائم على الجني بقصد الزجر والإهانة .

- القراءة على الجني بقصد التعذيب والحرق دون علم ولا معرفة .

- سكب الماء على عتبة المنزل او سكب الماء الحار في المغاسل دون ذكر اسم اللـه قـد يكـون الجني موجود في هذا المكان فيتأذى من ذلك فينتقمون من

الفاعل بلمس جسده وصرعه وتعذيبه، والأمر الذي يحجبنا من الجن والشياطين هي البسملة على كل شيء مؤداه .

أسباب دخول الجني لجسم الإنسان (المس) وصرعه لابن ادم

يدخل الجني في جسم الإنسان لعدة أسباب أهمها :-

- الخوف الشديد .

- الابتعاد عن الطاعات .

- الغضب الشديد .

- الانكباب على الشهوات.

- إيذاء الإنسي للجني بدون قصد، دون علم الإنسي.

- حالات الحسد الشديد .

- حالات التوكيلات الشديدة (السحر) .

- حالات العشق والرغبة الجنسية التي هي من الجني للإنسي .

المأخوذ (المس) من الجن والشياطين

ما هو معنى مأخوذ : المأخوذ هو الذي يدرك ولا يدرك ما حوله، والمأخوذ هنا أيضاً يعني اختطاف ما بين الحين والآخر وهو تعدي من الجن المتمرد أو من الشياطين فيكون في حالة اللبس، أحياناً يكون في حالة الإدراك في الكلام والأفعال والتصرفات وأحياناً لا يدرك حتى الكلام الذي يتكلمه، وتستغرق مدة العلاج هذه الإصابة ما بين ٤-٦ جلسات علاجية وكل جلسة تبعد عن الأخرى

ما يقارب ٢١ يوماً وخلال هذه الفترة يعطى برنامج من القرآن الكريم يستخدمه الشخص المصاب أو شخص آخر يقوم بالقراءة على المصاب .

وينقسم المأخوذ إلى قسمين هما :

١- مأخوذ سلبي (وهو اشد خطورة ومحتمل علاجه بالمتابعة المستمرة)

٢- مأخوذ ايجابي (يتم علاجه) .

أولاً : المأخوذ السلبي

هذه الإصابة هي من اشد أنواع الإصابات وخاصة إصابة المس أو التلبس والمقصود بكلمة مأخوذ سلبي أي أن عقله غير موجود (لا يستطيع الإدراك) فمن هنا نجد المصاب بهذه الإصابة لا يدرك ماذا يقول أو الأفعال التي يفعلها أبدا وهذا الأمر سببه شيطان أو جني متمرد من خلالها التلبس أو المصاحبة ويتم اخذ الإدراك والعقل من قبل هذا المتمرد فيجعل المصاب مصاباً عقلياً بحيث لا يستطيع العقل أن يستوعب ولا يدرك ما حوله ،العلاج لمثل هذه الإصابات بإذن الله تعالج ولكن تريد المتابعة المستمرة من جلسات علاجية وفي البرنامج المقرر له حتى الشفاء بإذن الله ويتم الانتهاء من الإصابة كاملاً بإذن الله وتعالى

ثانياً : المأخوذ الإيجابي

وهذه الإصابة تكون أخف بكثير من الإصابة السابقة والإيجابي يعني ان الإصابة يتم علاجها أسرع من السلبي بأضعاف كبيره أي أن السيطرة على العقل تكون اقل من السيطرة السلبية ويكون المصاب في غاية التحكم والإدراك فيكون أقوى جسدياً وعقلياً على التغلب على الإصابة ومساعدته بالبرنامج وفي الجلسات العلاجية فيتم الشفاء التام بإذن الله .

علامات المس اثناء القراءة على المصاب

- الاهتزاز المستمر في الأطراف وخاصة أطراف الأيدي ومـن ثـم أطراف الأرجـل وتطويـر الأوضاع من ناحية الانعكاس اثناء القراءة على المصاب.

- حركة متقطعة في اصابع اليدين وخاصة في البنصر والوسطى .

- رفع مقدمة القدم للأعلى أثناء القراءة على المصاب .

- قلب كفات اليدين للأعلى .

- تساقط الدمع من العين .

الزواج بين الإنس والجن

لم يثبت هذا الأمر في الأثر على ان هناك حالات تزاوج بين الجن والأنس ولم يرد على زمـن الرسول صلى اللـه عليه وسلم والصحابة والسلف الصالح والتابعين، ولكـن هنـاك بعـض مـن المؤولين وناقلي الأخبار من جهلة الناس استغلوا هذا الأمر بالكذب والادعاء والافتراء على الناس .

فمن قال على نفسه بزواج الجن من الإنس عليه تقديم الأدلة الشرعية على ذلك وهناك الكثير من الناس وبعض العلماء قدموا بالفتوى الخاطئة علـى هـذا الموضوع لـسماعهم لهـذه الفتوى من علمائنا الأفاضل مـن قبـل وأخـذوها بعـين الاعتبـار وأننـي أقول ان الإنـسان ليس معصوما عن الخطاء وبعض الزلات وهذا لا يعيبه لان المعصوم عـن الخطـاء هـم الأنبيـاء ولكـن يجب على كل من يتقدم بالفتوى عليه ان يتحقق من امر الفتوى وعليه ان يرجـع إلى الكتـاب والسنة لان

هناك الكثير من الناس يأخذ امر الفتوى بمثابة دليل قاطع وخاصة اذا كانت هذه الفتوى من علمائنا المعروفين الحديثين جزاهم اللـه عنا وعن المسلمين خير الجزاء.

تنبيـــــه /

إنني لا أنكر على ان هناك جماع بين الإنس والجن ولكن يكون مجرد إحساس وليس إيلاج وهذه الحالة لا تكون الا اذا كان الجن او الشيطان ماسا للجسد أي انه متلبسا امـا ان تكون في حالة السحر او حالة المس الزائد وهنا لا يقع الإنجاب كما يدعون الكثير مـن النـاس لان عمليـة الجماع لا تكون مكتملة مثل الإنس وان أعضاء الجني تكون مختلفـة تمامـا عـن أعضـاء الإنسـي فكيف تتوافق هذه الأعضاء المختلفة مع بعضها البعض وإنني أشير إلى هـذا الموضـوع الـذي لا يتعدى الحلم ((حلم اليقظة)) ولو كان أمر الجماع والزواج صحيحا إذا لوجدنا أن الجني الـذي يجامع الإنسية قد تم الدخول بها وفظ بكارتها لأصبح الموضـوع في منتهـى الخطـورة بـين النـاس ولكن اللـه حكيم وخبير في عباده .

افتراضات / لو قمنا بتزويج بعض من الحيوانات المختلفة الشكل والنـوع مـثلا هـل يـصبح الحمل والإنجاب لهذه الحيوانات المختلفة، علما بان السائل المنوي قد يكون متشابها تماما لكثير منها والأعضاء التناسلية أيضا، فالجواب لا لان الاختلاف في هذا الأمر هو نوعيه الحيوان وجنسه، وكذلك الأمر ان جنسية الجن تختلف اختلافا كبيرا عن جنسية الإنـس، لـذلك أيـن الأولاد الـذين يدعون الكثير من الناس على ان زوجته وأولاده من الجن. وكيف يرى زوجته وأولاده الذين هم من الجن لقوله تعالى) وانه يراكم هو وقبيله من حيث لا ترونهم)[1].

---

(١) الاحقاف

وكيف يتعامل معهم وما هي طريقته في التعايش بينهم وأين المودة والرحمة بينهم والتي لا تكون الا بين كل فصيلة بفصيلتها لقوله تعالى: (وَمِنْ آيَاتِهِ أَنْ خَلَقَكُمْ مِنْ تُرَابٍ ثُمَّ إِذَا أَنْتُمْ بَشَرٌ تَنْتَشِرُونَ (٢٠) وَمِنْ آيَاتِهِ أَنْ خَلَقَ لَكُمْ مِنْ أَنْفُسِكُمْ أَزْوَاجًا لِتَسْكُنُوا إِلَيْهَا وَجَعَلَ بَيْنَكُمْ مَوَدَّةً وَرَحْمَةً إِنَّ فِي ذَلِكَ لَآيَاتٍ لِقَوْمٍ يَتَفَكَّرُونَ) [١]

تعقيب /

- وهناك من النكاح بين الإنس والجن تكون بالمشاركة عن طريق الوسوسة باستخدام المراهق يداه .

- إذا قام الرجل بجماع زوجته وهي حائض فيقوم الشيطان بالجماع معه فإذا أتاها سبقه إليها الشيطان، فحملت، فجاءت بالمخنث .

---

(١) سورة الروم آية (٢٠).

الحســـــــد

الأدلة من القران الكريم على تأثير العين :

١ - قال تعالى : ﴿وَمِنْ شَرِّ حَاسِدٍ إِذَا حَسَدَ﴾ [١]

٢ - قال تعالى: ﴿وَإِنْ يَكَادُ الَّذِينَ كَفَرُوا لَيُزْلِقُونَكَ بِأَبْصَارِهِمْ لَمَّا سَمِعُوا الذِّكْرَ وَيَقُولُونَ إِنَّهُ لَمَجْنُونٌ﴾ [٢].

يقول الحافظ ابن كثير رحمه الله :

قال ابن عباس ومجاهد وغيرهما : ليزلقونك أي لينفذونك بأبصارهم أي يعينوك بأبصارهم بمعنى يحسدوك لبغضهم إياك لو لا وقاية الله لك وحمايته إياك منهم وفي هذه الايه دلت على أن إصابة الإنسان بالعين وتأثيرها حق بأمر الله عز وجل [٣].

ويقول سيدنا محمد صلى الله عليه وسلم : « **العين حق يحضرها الشيطان**» وان لنفس العائن الأثر الكبير في التأثير على المعيون لان الشيطان نفس خبيثة إذا دخلت على المعيون أصيب بالضرر والأذى .

تعقيب : ان الشيطان ينطلق من خلال عين الحاسد فتصيب الهدف المراد بإصابات بالغة ومعنى الحسد هو تمني زوال النعمة عن الخلق، والحسد هو حقد

(١) سورة الفلق آية (٥).
(٢) سورة القلم آية (٥١).
(٣) تفسير القرآن العظيم لابن كثير في تفسيره لسورة القلم.

داخلي ينبثق من الحاسد بسبب عدم قدرة الحاسد للوصول إلى ما وصل إليه المحسود او يكره ان يفوقه احد، والحسد مركوز في طباع البشر. .

لذلك ان الشيطان يشعل نيران الحسد في وجدانه فتنطلق الشياطين بالأسهم التي تخرج من عين الحاسد متجهة على المحسود كالسهم إلى الهدف مباشرتا فيقترن الشيطان بالسهم وينطلق نحو الهدف فيوقع الأذى بالمصاب لقول المصطفى صلى الله عليه وسلم «النظرة سهم من سهام إبليس»[1] .

أنواع الحسد

- حسد مذموم .
- حسد محمود (الغبطة) .
- نفس .

أشكال الحسد

*حسد عام .
* حسد مزدوج .
* حسد متطور .
* تابع حسد .

وللحسد آمرين :-

الأمر الأول : حسد عن طريق الكلام .

الأمر الثاني : حسد عن طريق النظر .

---

(١) متفق عليه.

ملاحظة : من الممكن للأعمى ان يصيب الإنسان بالحسد ويقع تأثيره مثل أي حاسد كان ومن الممكن رجال الدين والأشخاص الملتزمين دينيا ان يصيبوا بالحسد لان الحسد مركوز في طباع الخلق كما ذكرت سابقا .

أعراض الحسد بشكل عام :-

ان من المصابين بإصابة الحسد ما يكثر عندهم الأعراض التي قد تسبب من الأوضاع النفسية وكثير من التعطيل ومن أعراض الحسد ما يلي :-

- الفتور بالعبادات والتهاون بها .

- الانفعال الزائد والعصبية والغضب الشديد .

- ضيق الصدر شحوب الوجه وأمراض متكررة .

- الإرهاق الجسدي والفكري المستمر .

- عدم التوفيق بكثير من الأمور .

أقسام العين

١- عين إنسية .

٢- عين جنية .

عن أم سلمة رضي الله عنها أن النبي صلى الله عليه وسلم ، رأى في بيتها جارية في وجهها سفعة فقال : «**استرقوا لها فإن بها نظرة، والسفعة هي نظرة من الجن**» .

لقد مر معنا سابقا في كثير من الأحاديث بأن العين حق وهناك بعض الحالات تتفاوت تأثيرها بالإصابة، والعين هي نظرة استحسان مصحوب بحسد

ويحصل فيه الضرر بعد مشيئة الله، والعين تصيب الإنسان والحيوان وغيره، قال صلى الله عليه وسلم : «**أكثر من يموت من أمتي بعد قضاء الله وقدره بالعين**»[1].

وكما ان الجن تصيب الإنسان وتحسده أيضا ولكن المسلم الذي يقرأ الأذكار ويتلو القرآن الكريم لن ينضر بشيء بعد مشيئة الله، وأن إصابة الجن للإنسان بالعين والحسد هي عن طريق الأسهم الطائرة وهي موجات خاصة منبثقة من عين الجن وهذه الأسهم سامة وقاتلة لأنها تسبب المرض والإعياء والموت، أثناء القراءة على المصاب بهذه الإصابة نجد إن هناك انعكاسات بدأت تظهر على المصاب، والإصابة هنا تعرف عن طريق أصابع اليدين ولها درجات معينة بالحركة وهناك إصابات مزدوجة، أي أن الإنسان مصاب مرتين بالحسد أو العين وتعرف أيضاً عن طريق الانعكاسات التي تظهر على الجسد وخاصة أطراف اليدين والقدمين .وهناك إصابة شديدة أيضا من الحسد وهي ما تسمى (بالحسد المتطور) والتي تكون مقرونة بإصابة من الجن مخترقا لجسم الإنسان مسببا الأمراض والفشل وله أيضا انعكاسات خاصة تظهر على جسد الإنسان أثناء قراءة آيات الرقية عليه.

تعقيب / ومن الممكن أن يصيب الإنسان نفسه بالحسد أو العين لكثرة ما يمدح نفسه أمام الناس دون أن يذكر اسم الله فيجب على كل إنسان مسلم أن يذكر اسم الله دائماً بقول ما شاء الله ولا قوة إلاّ بالله، فهذا النوع من التسبيح يمنع وقوع الحسد أو العين للشخص نفسه ومن الآخرين .

---

(١) رواه مسلم في كتاب السلام

علاج العين والحسد

الطريقة الأولى : اغتسال العائن

إذا عرف العائن يؤمر بالاغتسال ثم يؤخذ الماء الذي اغتسل فيه ويصب على المحسود مـن خلفه فيبرأ بإذن اللـه تعالى .

الطريقة الثانية : قراءة آيات الرقية على الشخص المصاب .

يقوم المعالج بقراءة آيات الشفاء على المصاب وينظر المعالج إلى طبيعة الانعكاسـات التـي تنعكس على جسد المصاب فيلاحظ طبيعة حركة الأطراف وإذا تبين أن المصاب مـصابا بالعين او بالحسد والتي تعرف عن طريق الانعكاسـات التـي تحـدث للـشخص أثنـاء القـراءة عليـه ومـن علامات المصاب بالحسد أثناء القراءة هي:-

• ظهور حركة سريعة في إصبع الخنصر للخارج .

• شحوب الوجه أثناء القراءة .

• ارتفاع في الخنصر للأعلى وارتخاء في أطراف الأيدي للأسفل في بعض الحالات .

• ارتفاع في أصابع القدم للأعلى.

المتابعة والاستمرارية من قبل المعالج

على المصاب أن يقرأ البرنامج التالي يوميا لمـدة سبعة أيـام متتاليـة صـباحا وعـصرا ومـساء ثلاث مرات كل آية ونفس الآيات تقراء على كمية ماء للـشرب وللاغتسال مـرة واحـدة كـل يـوم لمدة سبعة أيام وحسب ما يراه المعالج مناسباً :-

١ : سورة الفاتحة .

٢ : (الم .... المفلحون) [الآية ١ – ٥ من سورة البقرة].

٣ : (الله لا اله إلا هو الحي القيوم ... هم فيها خالدون) [الآية ٢٥٥ – ٢٥٧ البقرة] .

٤ : (آمن الرسول بما انزل إليه من ربه ......فانصرنا على القوم الكافرين) [٢٨٦ – ٢٨٧ البقـرة
] .

٥ : الآية مـن سـورة القلـم (وان يكاد الـذين كفروا ليزلقونك بأبـصارهم لمـا سـمعوا الـذكر
ويقولون انه لمجنون * وما هو الا ذكر للعالمين) [آية ٥١- ٥٢ من سورة القلم] .

٦ : (فارجع البصر هل ترى من فطور ثم ارجع البصر كرتين ينقلب إلـيك البـصر خاسـئا وهو
حسير) [سورة تبارك] .

٧ : (وضرب لنا مثلا ونسي خلقه)[آية ٧٧ من سورة يس]

٨ : (محمد رسول اللـه والذين معه..........) [أخر سورة الفتح] .

٩ : (لو انزلنا هذا القرآن على جبل.........) [اخر سورة الحشر] .

١٠ : الكافرون .

١١ : الإخلاص - الفلق - الناس .

يجلس المصاب جلسة أخرى بعد استعماله للبرنامج المذكور (فيقرأ عليه مـرة أخرى مـن
قبل المعالج) للتأكد من استقرار الحالة ومن الممكن ان ينهي المعالج الإصابة في نفس اليوم
بإعطاء المصاب ٣ - ٤ جلسات او الفصل في حالة ضعف عصب المحسود .

خلاصة هذا الفصل :

بالنسبة للحسد أو العين فهي مقترنة بشيطان من الجن ويسمى شيطان الحسد، وكلما كان الحسد شديد كلما كان الشيطان أكثر تأثير على المحسود وخاصة إذا كان المحسود غير ملتزم بشرع الله .

ويكون المصاب متأثرا بأكثر من إصابة وهم:-

١- إصابة الشخص بالحسد من الحاسد .

٢- إصابة الشخص بالأسهم الخبيثة التي هي من الشيطان .

إذا تم وقوع الحسد فإن شيطان الحسد يقوم بدمج جسده حول الجسد يصبح كالأسهم فيخترق الجسد بسرعة فائقة مما يؤدي في بعض الحالات إلى المس أو اللبوس بحسب شدة الحسد على المحسود.

تعليمات ومعرفة :

١- ان الحسد له علاقة كبيرة بالجن و الشياطين بالتدخل على المحسود

٢- إذا تم وقوع الحسد وحسب قوته فان الإنسان يتأثر من الجن بدرجة أنه يصبح المحسود محسوداً أو ملبوساً او ممسوسا .

٣- الحسد لا يؤثر بالمسلم الذي يحافظ على الصلاة والأذكار الصباحية والمسائية والأدعية والوضوء .

علاج المصاب من العين والحسد بسكب الرصاص على رأسه

(بدعة شركية)

العين حق وإن الإصابة بالعين خطيرة جداً فمنها المرض والموت والضعف والفشل وغيرها، وعلاج العين كما هو معروف القراءة على المصاب مجموعة آيات من القرآن الكريم فقط ولا يعالج المصاب بالعين أو الحسد إلاّ بهذا الأمر ولكن :-

هناك مجموعة من المدعين بالعلاج يدعون بأنهم يعالجون العين بسكب الرصاص على المعيون حتى يبرأ ويشفى ولكن هذا الأمر شرك بالله وهي بدعة من الأصل ولكن كيف يحدث ذلك ؟

ان مادة الرصاص لها علاقة مع الشياطين وهناك كوكب موجود في السماء يسكنه مجموعة من الشياطين يتعلق أمرهم بهذه المادة، وان الشخص ان كان ذكراً أو انثى (المعالج) أي الذي يسكب الرصاص يكون له علاقة مع هؤلاء الشياطين عن طريق عهد أو أي تعامل آخر وأحياناً لا يعلم بهم ولا يوجد بينهم أي ارتباط ولكن مادة الرصاص هي الرابطة القوية بينهم فهي تجلب الشياطين وتحضرهم في المكان الموجود به سكب الرصاص والقراءات التي تتم على المصاب بنية العلاج والشفاء .

عندما يعتقد شخص ما بأنه مصاب بعين أو بحسد يقوم هذا الشخص بالذهاب إلى شخص ما حتى يعالج نفسه من العين فنجد المعالج يقوم بإحضار كمية من الرصاص وإحضار نار ووعاء من حديد، فيجلس المصاب جلوساً

كاملاً فيقوم المدعي بالعلاج بوضع الوعاء فوق رأس المصاب ومن ثم إذابة الرصاص على النار وبعدها يسكب السائل الرصاصي في الوعاء الموجود فوق رأس الشخص وأثناء سكب الرصاص يقوم الساكب بقراءة بعض الأوراد التي لها علاقة مع الشياطين فتتنزل الشياطين على هذا المكان بحيث توهم المصاب على انه تعالج من العين وهو في الأصل لا يوجد به العين ولكن كثرة الشكوك يحدث الوهم وهو من اشد الإصابات وأصعبها علاجاً، وعند سكب الرصاص في الوعاء يحدث بعض الأشكال المختلفة فتتكون أشكال تشبه العين وعندما يرى الشخص المدعي بالإصابة هذه الأشكال الرصاصية فتوسوس له الشياطين على ان هذه الأشكال هي عين وتم فك العين والتخليص من الإصابة.

خلاصة هذا الباب

النقطة الأولى : ان الاعتقاد بهذه الطريقة على أنها تشفي من العين شرك بالله لأنها بدعة ويوجد بها الاستعانة بالجن والشياطين وكما قال صلى الله عليه وسلم : «**كل بدعة ضلالة وكل ضلالة في النار**» وهناك كثيراً من الناس يعتقد أن هذه الطريقة تشفي ولو علموا مدى خطورة هذا الأمر ما اقتربوا إليه ولا استدلوا على طريقته ابداً لأنه الشرك والذنب العظيم .

النقطة الثانية : أن هناك كوكباً خاصاً يسكنه مجموعة من الشياطين وعند حدوث العلاج بسكب الرصاص تحضر هذه الشياطين إلى المكان الذي يصب به الرصاص وكأنه مغناطيس تماماً يجلب ما حوله .

النقطة الثالثة : تزداد الإصابة تأثيراً وعدم علاجها من قبل المدعي بالعلاج لأن الأرواح المستخدمة هي أرواح شيطانية خبيثة لا تتوافق مع أرواح طيبة

النفس إذا لا يحدث العلاج ابداً وكل من سار في مثل هذا الطريق دخل في طريق الشرك والكفر وهو في غفلة لا يعلم بها والى اين المصير وهل من مدرك يدرك ذلك ؟

التوابـــــــع

سميت بالتوابع لان هناك صنف من الجن والشياطين عامة تتبع الإنسان في سلوك معين لوضع معين) وروى الإمام احمد في مسنده حدثنا روح حدثنا ان جريج اخبرني عبد الكريم ان مجاهدا اخبره ان مولى لعائشة اخبره كان يقود بها أنها إذا سمعت صوت الجرس أمامها قالت قف بي فيقف حتى لا تسمعه وإذا سمعته ورآها قالت أسرع بي حتى لا اسمعه وقالت قال رسول الله صلى الله عليه وسلم ان له تابعا من الجن).

وللتوابع أصناف منها الجن ومنها الشياطين وكل تابع له صنفه وحسب ما يتبع الإنسان من ظروف وهي مصنفة كما يلي :-

- **توابع سحر :** وهي التي تتبع الشخص المصاب ان كان ذكرا او أنثى عن طريق السحر الموكل بالشخص فهي تتبعه حسب ما يطلب منها وهي مقترنة بالجسد وهناك صنف أخر من التوابع التي تتبع الشخص المحسود وتسبب له الأذى المضاعف وكما قال صلى الله عليه وسلم) العين تتبعها شيطان) .

واما الانعكاس الذي يحدث اثناء جلسة الرقية على المصاب لمثل هذا النوع من الإصابة هي انفراج الأصابع بعلامة السحر ومن ثم حركة متقطعة بالأصابع لحين زوال التأثير أثناء القراءة على المصاب وانتهاء الحالة بأذن الله تعالى

- **تابع او توابع عامة :** وهي من الأصناف التي تتبع الإنسان في شتى الأمور مثل الخوف او الصدمات او الحالات النفسية أو حالات الوهم او الذهاب إلى المشعوذين او المعالجين بالقران ذوي الخبرة الضعيفة او تطفل الجني على الإنسي.

الانعكاس الذي يحدث اثناء القراءة / سقوط الشاهد او ارتفاعه للأعلى او سقوط الشاهد والوسطى معا او رفع الخنصر مع انفراجه او حركات متقطعة بأصابع اليد

- **تابع عشق :** وهو الذي يتبع الإنسان ان كان ذكرا او أنثى لغاية العشق فهناك من ذكور الجن تعشق إناثا من الإنس بسبب إعجاب الجني لجسم الإنسية فيعجب بها كل الإعجاب وخاصة اذا قامت الإنسية بخلع ملابسها دون ان تذكر اسم الله او ان جنية تعشق انسي فمن شدة إعجابها بالإنسي فتعشق جسده وأناقته فتتبعه لغايات العشق والشهوة .

الانعكاس الذي يحدث اثناء القراءة / انفراج الشاهد اكثر من خمسة درجات.

- **توابع جنس :** وهناك صنف من الجن ترغب باستخدام الجنس مع الإنس فهناك مجموعة من ذكور الجن ترغب الجنس مع إناث من الإنس وكذلك الامر مجموعة من إناث الجن ترغب باستخدام الجنس مع ذكور من الإنس نتيجة الشهوة الزائدة عند الجن ويكون هذا الأمر على شكل ايحاء واحتلام ومن الممكن ان يحدث الصرع في أي مكان عند بعض الأشخاص اذا كان الجني متلبس الجسد وهناك من الناس يروا ان شخصا مصروعا على الأرض وكأنه

يقوم بالجماع مع شخص اخر بحركات غير إرادية من الشخص المصروع وعند نزال المني من الرجل يقوم الشخص من مكانه وكأن الأمر لم يكن وهو لا يعلم ماذا حدث له، وهناك من توابع الجنس تدفع الشخص على ان يرتكب الزنا وإذا كان ضعيفا في ألالتزامه دينيا من الممكن ان يقع في الكبائر وهناك من التوابع التي تدفع الشخص بارتكاب المعصية الكبيرة وهي اللواط وهناك من المصابين بصنف آخر من التوابع يجد في نفسه الرغبة بممارسة اللواط به أي انه يرغب من يمارس معه الجنس من الإنس وهناك من المصابين يتخيل لنفسه بأنه أنثى فيرتدي الملابس الداخلية كلها ويجلس ينظر على نفسه وهو يتخيل بأن هناك من يريد أن يجامعه ومن الممكن أن يتحسس على جسده حتى يكمل رغبته الجنسية وحدوث الشهوة ومن الممكن ان يكرر هذا الأمر لعدة مرات في اليوم حسب القوة الجنسية عنده ويسمى هذا بالشذوذ الجنسي.

الانعكاس الذي يحدث أثناء القراءة / دخول إصبع الإبهام بين البنصر والوسطى ومن الممكن ان يحدث الصرع الكامل عند بعض المصابين من الناس اذا كان الجسد واصل مرحلة التلبس ومن الممكن ان يتكلم الجني او الشيطان على لسان المصاب.

- **تابع متحرك :** وهذا الصنف من التوابع يلازم الإنسان تارة ويتركه تارة أخرى أي انه يحدث الضرر مرة ويكون بعيدا عن الجسد مرة أخرى .

الانعكاس الذي يحدث أثناء القراءة / رفع الشاهد وظهور حركة مستمرة للأعلى وللأسفل به .

- **توابع سيئة** : وهذا الصنف من الجن يتبع الإنسان في سبيل التخريب والتعطيل في شتى المجالات وإحـداث الأضرار والأمـراض والتعـب والإرهـاق والتعـذيب الجـسدي والفكـري والنفسي والوسوسة في بعض الحالات .

الانعكاس التي تحدث أثناء القراءة / دخـول إصبع الإبهـام بـين الـشاهد والوسـطى ومـن الممكن حدوث التشنجات في أطراف اليدين والانفعال بسبب اللام الشديدة .

- **التابعة** : وهي من إناث الجن التي تتبع إناث الإنس وتسبب لهـا بعـض التعطيل والفساد وهي على نوعين :-

النوع الأول : تسمى تابعة مسالمة أي إنها لا تحدث الأضرار للإنسية .

النوع الثاني : تسمى تابعة سيئة وهي صنف تقع الأضرار على الإنسية من إصـابات وأضرار جسدية واجتماعية وسلوكية وتنتج عنها ما يلي :

أولاً: تقوم بإسقاط الحمل إذا كـان الجنـين ذكـرا فتسمى (أم الـصبيان) ونـوع آخـر تقوم بإسقاط الحمل بشكل عام فتسمى (تبيعه) ومنها من تسقط الحمل ان كـان ذكـرا أو أنثى فتسمى (القاتلة) .

ثانياً : تمنع الحمل ولكن دون تسليط (أي دون تسليط بسحر) .

ثالثاً : تشوه الحمل .

رابعاً: تمنع الزواج عن الأنثى أي ان هناك من أنواع التوابع تتبع البنت البكر بالاستحواذ عليها ومنعها عن الزواج مما يسبب الأمر إلى بناء علاقات غير شرعية ويتم فشل الزواج وبدون أسباب وتسمى التابعة (بالأخت).

الانعكاس الذي يحدث أثناء القراءة / من الممكن الانفراج لجميع الأصابع وحركة واضحة في إصبع البنصر ومن الممكن رفع الشاهد للأعلى دلالة على التفاوض او الاستسلام . و الله تعالى اعلم .

ملاحظة / إن جميع التوابع تتأثر عند تكرار الأذان ومن الممكن أن تنتهي الإصابة ويتم شفاء الحالة تماما (وكلما كان صوت الآذان مسموع وقريب عند إذن المصاب كلما كانت النتائج أسرع بإذن الله) .

علامات التابعة / إن من العلامات التي من الممكن إن تظهر على الشخص المصاب هي ألام بين الأكتاف وأسفل الظهر وأحيانا ألام بالركب وهذه العلامات والأعراض تختلف من شخص لآخر .

سؤال: هل التابعة توكل بالسحر ؟

جواب: لا ،ولكن يحدث أحياناً بل غالباً الاقتران، وتكون أعراض التابعة مشابهة تماماً لأعراض السحر ولكن التشخيص السليم والدقيق هو الذي يفصل بين الحالة اذا كانت حالة سحر أو حاله تابعة.

س : هل التابع يوكل بسحر ؟

ج : نعم ان التابع ان كان ذكرا او أنثى جني او شيطان يتم توكيله بسحر ويكون تابع وملازم الجسد حتى يتم القراءة على المصاب وإنهاء التوكيل بإذن الله تعالى.

ظهور الحناء على أيدي بعض من الناس علامة عشق الجن للإنس

هناك ظاهرة عند بعض الناس وهي غريبة بحد ذاتها عند الكثير من الناس وهي ان وجود مادة الحناء على أيديهم وخاصة الأنثى عند الاستيقاض من النوم وهناك اعتقاد عند بعض من الناس بأن هذه كرامة من اللـه سبحانه وتعالى ولكن في الحقيقـة ان هـذا الأمـر مـن الـشيطان وتحديدا ما تسمى هذه الإصابة (عشق جان) أي ان هناك من الجن يقوم بملازمـة الإنسية في ضروف خاصة عندها وبطريقته الخاصة إلى جسدها فيعشقها ومن المكـن أن يقوم بتلبس الجسد حسب وضعية الأنثى وتقبلها لمثل هذا الأمر ومن الممكن أن يـصرع الـشخص في بعض الحالات وممارسة الجنس، وهناك أيضا من الناس ما يرى على جسده أثناء استيقاظه مـن نومه كتابات بلفظ الجلالة ويشبه الحرق تماما فمنهم من يعتقد أن هـذه كرامـة ومنهم مـن يعتقـد بأنها علامة الصلاح في نفسه ولكن إن حقيقة هـذا الأمـر هـو استدراج مـن الـشياطين علـى أن يجعلوه في متاهات الكفر والشرك والضلال وهي من علامات تلبيس إبليس اللعين .

تعقيب / وجود الحناء على اليدين أثناء الاستيقاظ من النوم هي من علامات تعدي الجـن والشياطين على الإنسان وهذه العلامة تدل على استدراج الشخص المعني لـذلك إن كـان ذكر او أنثى وغالبا ما تكون علامة الحناء على النساء عامة والبنت البكر خاصة .

برنامج علاجي لجميع أصناف التوابع

- بعد التشخيص من قبل المعالج من الجلسة الأولى يجب على المصاب ان يلتـزم بالبرنامج التالي :-

- قراءة سورة البقرة علـى كمية ماء للشرب والاغتسال في مكان طاهر يوميا لمدة (سـبعة) ايام بنية الشفاء والطرد وينفث على المـاء كـل (خمـسة) صفحات ثلاث نفاثات لحين إكمال القراءة .

- قراءة الآيات التالية يوميا صباحا وعصرا ومساءا والاستمرارية على القراءة كمثابة أذكار :-

- الفاتحة .

- (الم * .... وأولئك هم المفلحون) [١ – ٥ من سورة البقرة]

- (اللـه لا اله الا هو الحي القيوم * ..... هم فيها خالدون) [٢٥٥ – ٢٥٧ البقرة] .

- (امن الرسول بما * .... فنصرنا عل القوم الكافرين) [٢٨٥ – ٢٨٦ البقرة]

- (افحسبتم أنما خلقناكم عبثا .... الخ) [أواخر سورة المؤمنون].

- (قل يا أيها الكافرون .... الخ) [سورة الكافرون].

- (قل هو اللـه الأحد ....الخ) [سورة الإخلاص].

- (قل أعوذ برب الفلق .... الخ) [سورة الفلق].

- (قل أعوذ برب الناس ....الخ) [سورة الناس].

القرين وسيطرته على الإنسان

قال تعالى: (...... ....)[1].

الإصابات التي من الممكن ان يقوم بها القرين على الشخص المصاب

- السيطرة الكاملة او السيطرة الجزئية على الجسد .

- المس (مس القرين) .

- استحواذ القرين .

- سحر القرين .

هناك كثير من الحالات يكون سببها قرين أي أن القرين يسيطر على الجسد سيطرة تامة بالتصرفات والأفعال ولا يستطيع السيطرة على العقل .

من الممكن التكلم باللغة العربية الفصحى على لسان الشخص نفسه عن طريق الإيحاء وهذا سببه أن الشخص نفسه قد فتح مجالاً للقرين بالتدخل المباشر، خاصة إذا حدثت مشكلة معينة مع هذا الشخص ولم يستطع تحملها فيحدث عنده الضعف النفسي وخاصة إذا كان الشخص غير ملتزم في دينه كما قال تعالى في الآية السابقة { ومن يعش عن ذكر الرحمن نقيض له شيطانا فهو له قرين } أي هذا الذي تغافل عن الهدى نقيض له من الشياطين من يضله ويهديه إلى صراط الجحيم . فإذا وافى الله عز وجل يوم القيامة يتبرم بالشيطان الذي وكل به [2].

---

(١) سورة الزخرف (٣٦).
(٢) تفسير القرآن العظيم لابن كثير.

فالقرين هو صنف من أصناف الجن ولكنه شيطان كافر خلق مع الإنسان منذ ولادته وحتى مماته لا يحث صاحبه الا بسوء يضعف عندما يذكر الإنسان الله كثيرا والاستغفار والتسبيح الملازم مع المسلم ومما يقوى القرين على الإنسان عندما يتخلى عن العبادة والأذكار وهو سريع النفوذ عند الأشخاص الذين تتكاثر عندهم المشاكل الحياتية فيحدث الوسوسة والتلاعب المستمر في شتى المجالات ومن الممكن ان يجتهد القرين على المصاب فيسيطر عليه بالفكر والسلوك مما يؤدي إلى عدم القدرة على اتخاذ القرار بسبب الضعف النفسي عند الشخص) وان الشيطان يجري من الإنسان مجرى الدم)، وما المانع في ذلك فها نحن نرى النار تسير في الفحم والكهرباء في الأسلاك الكهربائية ونرى الذبذبة تنتقل من أقصى إلى أقصى فالشيطان يوسوس إلى الإنسان وسوسة دائمة دون توقف والوسوسة دائما تكون في القلب ويستقبلها العقل فإن أذن لها القلب بالدخول فإنها تجري في الدم ،مثلا عندما يوسوس الشيطان للإنسان بالزنا فتمر الفكرة مرور الكرام ولكن عندما تروق الفكرة في قلب الإنسان ويقلبها وهو يفكر بها تفكيرا جديا ولا يستطيع التحكم في نفسه فتبقى الفكرة مستمرة عنده فتجري في دمه ويصبح أسيرا لشيطانه ومن الممكن ان يقع الإنسان بالزنى دون ان يفكر بما نهانا عنه الله عز وجل ورسوله صلى الله عليه وسلم .

تنقسم سيطرة القرين إلى أربع أقسام وهي :-

١- سيطرة القرين على الفكر .

٢- سيطرة القرين على السلوك .

٣- سيطرة القرين على الفكر والسلوك في آن واحد .

٤- سيطرة القرين على الإنسان بالمس والذهول .

مس القرين : ان لكل إنسان قرين كما ذكرت ذلك سابقا يلازمه طيلة عمره فإذا تعرض الإنسان إلى أحداث معينة او ممارسات خاطئه ثم ضعف إيمانه وشعر بالنقص والهوان وعدم الثقة بالنفس فإن قرينه يسبب إصابة تبدأ بالوسوسة ثم الإغواء ثم السيطرة ثم المس ويعتبر مس القرين من الحالات النفسية أي ان الشخص المصاب عليه ان يتخلى عن أي فكر يقوم به او أي تصرف وسلوك فيبرأ اذا تراجع الشخص المصاب عن أعماله ويلجأ إلى كتاب الله وتغير طريقه وسلوكه عما كان عليه وتنتهي الإصابة بإذن الله .

استحواذ القرين : هو استحواذ على فكر المصاب أولا ومن ثم على الجسد ثانيا وطبيعة الاستحواذ تكون في أمور الدين والذات اللاهية والشكوك بالخالق وقدرته والتكفير في خلق المخلوقات وعدم الأيمان بالجنة والنار والقيامة والبعث وغير ذلك ومن الممكن ان يستحوذ القرين على صاحبه على انه أفضل إنسان من ناحية الأيمان والعبادة والصلاة حتى يوقع الشخص بالكبر والعظمة بحيث يرى الشخص انه على صواب وباقي الآخرين على غير ذلك وهذا من اخطر الأمور وهناك بعض من المصابين ما نجده يتكلم عن أمور غير موجودة أمام الآخرين والتحدث بها ومن الممكن ان يصدق في امر ولكنه كذوب .

كيفية معرفة الاستحواذ الذي هو من القرين

عند البدء برقية المصاب باستحواذ القرين نلاحظ الانعكاسات التالية :-

- يكون الجسد في وضعية ارتخاء .

- من الممكن ان يتصلب الجسد وفي حالات نادرة بسبب وجود سيطرة القرين على الجسد او يكون مس منه .

- الشخص لا يصرع أي انه يكون في غاية الإدراك .

- ظهور علامة سيطرة او مس القرين حسب درجة الإصابة الموجودة على الجسد .

- الشخص يكون مدركا على نفسه أثناء الحوار والنقاش في جلسة العلاج وأحيانا يحدث فقدان بسيط للوعي وهذا الأمر يعود حسب قوة ونوع السيطرة.

- من الممكن ان يحدث الشخص المصاب عن أمور قد حدثت وتريد حدوثها وغالبا ما تكون المعلومات غير صحيحة وكاذبة .

سحر القرين : ومن الحالات النادرة التي يتوكل بها القرين ويكون نوع التوكيل (سحر القرين) أي انه يتم ربط القرين بالجسد وتصبح السيطرة على الجسد سيطرة تامة وله اسم آخر هو سحر تسليط القرين والسحر هنا يصبح بمثابة أمر بالتوكيل من شيطان آخر فيكون القرين جاهزا للتنفيذ في السيطرة وإحداث الضرر للشخص المراد إيذاءه وهذا من اخطر أنواع الاقتران إذ ان سيطرة الجني (خادم السحر) تكون واقعة على قرين الإنسان نفسه .

الوسوسة القهرية (الوسواس القهري)

الوسوسة هي من الشيطان لقوله تعالى (من شر الوسواس الخناس) أي الذي يخنس ويختبئ أو يفتر وهذه الوسوسة تكون مستمرة في كل المجالات وخاصة عند الوضوء وعند الصلاة وموضوع الوسوسة وما جاء بها قد تم بيانها وشرحها في أبواب سابقة ولكن الوسوسة القهرية هي فقدان السيطرة العقلية

بالأفكار والأفعال والتصرفات والسلوكيات وهي إصابة من القرين وهي (تسمى بمس القرين)

الأفكار : ان الوسوسة القهرية تؤثر على المصاب تأثيراً كبيراً منها الفكر وهو زيادة في الانشغال في أمور لا تتعلق به أو يقوم بالتفكير في أمور لا يستطيع ان يقاومها ويشغل نفسه في أمور الحياة، أي أن المصاب بهذه الإصابة يقول لماذا نعيش أو لماذا خلقنا ؟ كي نتعب ! أو التفكير المستمر بالموت أو في أمور لا حدود لها فهذه الأفكار المستمرة والدائمة لا يستطيع أن ينزعها عن فكره فيكون في دوامه كبيرة فيشغل عقله فيضعفه ضعفاً شديداً فلا يجد في نفسه ومنامه ومجلسه وطعامه وذهابه وعمله راحة ابداً، وهذه الإصابة تكون تحت سيطرة الشيطان لأن الشخص نفسه قد فتح المجال له كي يسيطر على عقله عن طريق الوسوسة وهنا إذا ما تم السيطرة في المقاومة وتحدي الصعاب وان تكون الإرادة قوية وموجودة وعليه أن يخلع الأفكار ووضع حاجزٍ قوي بينه وبين الوسواس الا وهو الشيطان لأصبح الأمر خطيراً جداً ومن الممكن أن يحدث للمصاب مرض نفسي ويزداد الأمر صعوبة مما يؤدي إلى دخول المصاب إلى مستشفى الأمراض العقلية والنفسية .

الأفعال والتصرفات : ان شدة الإصابة وتمكن الشيطان من ذلك على الشخص المصاب يحدث هناك خللٌ مفاجئ على العقل مما تظهر على الشخص أعراض غير طبيعية من أفعال وتصرفات مثل التشديد في عملية النظافة أو الشك في المكان من عدم طهارته فيقوم المصاب بغسله عدة مرات وهو غير متيقن بالنظافة وغسل يديه مرارا وتكراراً وغسل الأواني والملابس وغيرها .

السلوكيات : والوسوسة القهرية تجلب الإرهاق الجسدي والفكري مما يجعل المصاب أكثر تأثراً في سلوكياته اليومية فينظر إلى الآخرين فيجد أن سلوكهم مختلفة تماماً عنه فيحاول جاهداً نقل سلوكياته إلى الآخرين بأي وسيلة كانت لأنه يعتقد في نفسه هو الصواب وإذا رأى بأنه لا يوجد أي استجابة من الآخرين فيبدأ بالصراخ والعصبية وأحيانا بالبكاء فتزداد الإصابة عليه فتصبح حالة نفسية مكتسبة ومنها الإصابة بسيطرة قرين حادة.

خلاصة هذا الباب / أن الشخص المصاب يكون منهمرا بالتفكير وعدم استقرار أوضاعه ودائما يكون في حالة القلق وعدم الاستقرار النفسي مما يخطر في باله أمور كثيرة مثل : لماذا نعيش ؟ أو لماذا خلقنا ؟ وأين المصير ! وكثيرا من المصابين من الناس الذين يعانون لمثل هذه الإصابات يأتي في خاطرهم الانتحار لان الضغط العقلي لا يستطيع تحمل هذه الإصابة فيشعر المصاب بعدم ثقته في نفسه وثقة الآخرين به فلا يستطيع أن يميز الخطأ من الصواب لان الأفكار تشعبت من كل جانب فأصبحت السيطرة على العقل هي الأغلب فيكون الجسد كاملا في عداد السيطرة وفقدان قوته حتى القوة العضلية والعصبية، فيشعر المصاب بعدم قابليته للطعام وعدم اللذة به وعدم شعوره في أي امر كان فيجد دائما الضيق والعصبية وإذا سألته عن ذلك فيجيب قائلا لا اعلم لماذا يحدث لي ذلك، ولو علم ذلك لوجد أن الشيطان هو السبب في ذلك إذ فتح الإنسان المجال له في التدخل عليه وعلى شؤونه، يجب على المصاب أن يقوي إيمانه بالعبادة والدعاء وقراءة القران الكريم وان يقاوم ما يحدث له من أي مواجه خارجية أثناء العلاج بالقرآن الكريم بحيث يستطيع السيطرة على نفسه وعلى الإصابة المحاطة به فمن هنا نبين من هذه الخلاصة لهذا الباب انه اذا فتح المجال للشيطان

في السيطرة عليه ضعف واستسلم وكان تحت سيطرته الكاملة فيقع أسيرا بين قبضته.

برنامج علاجي للمصاب بقرين

بعد القراءة والتشخيص من الجلسة الأولى من قبل المعالج، يأخذ المصاب برنامج علاجي وهو قراءة سورة البقرة يوميا لمدة ٧ يوم، وبعدها يجلس المصاب جلسة أخرى كي يتم التأكد من الحالة والوضع العام للإصابة ومدى السيطرة على الحالة، وبعدها يأخذ المصاب برنامج قراءة صباحاً وعصر ومساءً لمدة ٧ يوم وبعد هذا البرنامج يجلس جلسة ثالثة للتأكد من عملية تنظيم القرين وشفاء الحالة بإذن الله واستخدام البرنامج التالي لمدة سبعة أيام بعد كل صلاة:-

- سورة الفاتحة (مرات).

- أول خمس آيات من سورة البقرة .

- قراءة آية الكرسي والآيتان التي بعدها .

- آخر ثلاث آيات من سورة البقرة.

- أواخر سورة الحشر . .

- سورة الكافرون.

- الإخلاص، الفلق، الناس.

- المحافظة على صلاة الجماعة (مهم جداً).

- قول بسم الله الرحمن الرحيم ولا حول ولا قوة إلا بالله العلي العظيم ٢١ مرة.

- قول لا إله إلا اللـه وحدة لا شريك له، له الملك وله الحمد يحي ويميت وهـو علـى كـل شيء قدير (١٠٠) مرة .

يقرأ هذا البرنامج يومياً بعد كل صلاة وبالترتيب التالي خلال الفترة المحددة أعلاه:-

- بعد صلاة الفجر وصلاة العصر تقرأ كل سورة سبع مرات .

- بعد صلاة الظهر والمغرب والعشاء تقرأ كل سورة ثلاث مرات.

- قراءة سورة البقرة يومياً لمدة عشرة أيام إذا كانت الإصابة شديدة

الصـــرع

الصرع أنواعه وعلاجه

ينقسم الصرع إلى خمسة أنواع هي :-

- الصرع العضوي .

- صـرع الجن .

- والصرع النفسي .

- الصرع الكاذب .

- صرع الاستحواذ.

أولاً- الصرع العضوي : هو عبارة عن زيادة الشحنات الكهربائية في الدماغ مما يحدث الخلل فجأة في الخلايا العصبية في الدماغ فينتج عنه عدم التوازن في الجسم كله مما يؤدي إلى ذلك الدوار الشديد وغالباً صداع وتشنجات في الأطراف، ومن ثم فقدان الوعي كاملاً لبضع دقائق، وكما قال بعض الأطباء عن الصرع العضوي : هو ارتباك وخلل مفاجئ في كهربة المخ ووظيفته ونوباته تأتي على نوعين تبدأ في مراكز الحركة بالمخ نتيجة تغيرات فسيولوجية عضوية، يفقد معها المريض إحساسه وشعوره تماما، وعلاجه يكون مع الأطباء المختصين وعند المعالجين بالرقية الشرعية الذي اصطفاهم الله من سائر خلقه من بني لبشر.

كما ورد في كتاب الإمام ابن القيم الجوزية في (زاد المعاد) إن للصرع نوعان :

النوع الأول : صرع من الأرواح الخبيثة الأرضية .

النوع الثاني : صرع من الأخلاط الرديئة .

أسبابه :-

١: شحنات كهربائية زائدة أثرت على الدماغ .

٢: اضطرابات في القلب وعدم انتظام دقاته .

٣: ارتفاع ضغط الجسم وهبوط في نسبه الدم .

٤: نقص الأكسجين في الدمـاغ .

٥: ارتفاع درجة حرارة الجسـم .

٦: إصابة الإنسان بالفيروسـات .

٧: إصابة الإنسان بمرض السحايا .

٨: الأبخرة الصاعدة من منطقة المعدة .

٩: هبوط او ارتفاع نسبة السكري في الجسم .

أعراضه :-

- السقوط على الأرض بشكل مفاجأ .

- قد يشعر المريض بقرب حدوث النوبه فيحاول ألامساك بشيء قريبه منه.

- لا يستطيع المريض ان يقوم بإلغاء حالة النوبة .

- حدوث التشنج والصرع وتتبعه غيبوبة لمدة دقائق .

- حدوث النوبات الصرعية .

- لا يتأثر المريض بتلاوة القران

- ظهور الحركات الغريبة اثناء الصرع غير الإرادية .

- لا يستطيع المصروع ان يكلم احد .
- مدة الصرع لا تتجاوز الدقائق بل احيانا ثواني .
- النوم العميق بعد نوبه الصرع .
- من الممكن ان يبول المصاب في حالة الصرع على نفسه .
- يشفى المصاب بالعقاقير الطبية والجراحة في بعض الحالات .

علاج الصرع العضوي

كما نعلم أن الصرع العضوي هو خلل ومرض عضوي وهذا النوع من الصرع يعالج عند الأطباء المختصين أولاً كي يقوموا بعملية التنظيم للشحنات الكهربائية عن طريق الدواء المنتظم الذي يصرفه الطبيب للشخص المصاب، وبالإضافة أيضا قراءة الرقية عليه لمدة ستة جلسات متتالية واستخدام برنامج تنظيمي وهو عبارة عن مجموعة آيات من القران الكريم صباحا وعصرا ومساء لفترة من الزمن لقوله تعالى) وننزل من القرآن ما هو شفاء ورحمة للمؤمنين)[1] .

نستنتج ان العلاج لهذه الإصابة يكون في أمرين :

الأمر الأول : من جهة المصروع، يكون بقوة نفسه وعزيمته وصدقه مع الله وعليه ان يحافظ على المأثور عن الرسول صلى الله عليه وسلم وعليه ان يأخذه بيقين تام .

الأمر الثاني : والذي هو من جهة المعالج عليه ان يكون واثقا بالله متوكلا عليه حق التوكل ومتوسلا به وقوي العزيمة وصدقه في رقيته على

(١) سورة الاسراء ايه ٨٢

المصاب وعليه ان يرقي بما ورد من الآيات التي ورد فضلها في شفاء الحالات العضوية وهي :-

- سورة الفاتحة (وهي ما تسمى ام الكتاب والسبع المثاني والشافية والمعافية والكافية)) الحمد لله رب العالمين * الرحمن الرحيم * مالك يوم الدين * اياك نعبد واياك نستعين * اهدنا الصراط المستقيم * صراط الذين أنعمت عليهم * غير المغضوب عليهم ولا الضالين) .
- أية الكرسي (اية ٢٥٥ من سورة البقرة)) الله لا اله إلا هو الحي القيوم لا تأخذه سنه ولا نوم له ما في السماوات وما في الأرض منذ ذا الذي يشفع عنده إلا بإذنه يعلم .... الخ .
- أوخر سورة الفتح : (محمد رسول الله والذين معه أشداء عل الكفار رحماء بينهم تراهم ركعا سجدا يبتغون فضلا من الله ورضوانا سيماهم في وجوههم من اثر السجود .... الخ .
- أواخر الحشر) لو أنزلنا هذا القران على جبل لرأيته خاشعا متصدعا من خشية الله وتلك الأمثال نضربها للناس لعلهم يتفكرون * هو الله الذي لا اله إلا هو عالم الغيب والشهادة هو الرحمن الرحيم .... الخ .
- سوره الإخلاص) قل هو الله احد * الله الصمد * لم يلد ولم يولد * ولم يكن له كفوا احد *) .
- سورة الفلق) قل أعوذ برب الفلق * من شر ما خلق * ومن شر غاسق إذا وقب * ومن شر النفاثات في العقد * ومن شر حاسد اذا حسد *)

- سورة الناس) قل أعوذ برب الناس* ملك الناس * اله الناس * مـن شر الوسـواس الخنـاس * الذي يوسوس في صدور الناس * من الجنة والناس*)

ومن الأمور الواجب استخدامها لمثل هذه الإصابات أيضا ما يلي:

- تناول شرب الحلبة يوميا ثلاث كاسات كبار .

- تناول العسل يوميا قدر ثلاث معالق كبيرة يوميا .

- تناول حبة البركة قدر ثلاث معالق صغيرة يوميا وان تكون غير محمصة.

ثانياً :- صرع الجن : وهذا النوع من الصرع سببه الجن وهو عبارة عن سيطرة الجن علـى دمـاغ الإنسان سيطرة تامة، وعند حدوث الصرع للمصاب، نجده في غيبوبـة كاملـة، ويحـدث صرع الجن للإنسان دون أعراض مسبقة، وبعد صرعـه تظهـر عليـه بعـض التـشنجات، وعند الفحص الطبي يتبين أنه لا يوجد أي شحنة كهربائية أثرت علـى الـدماغ، فـصرع الجن للإنس يقوم علـى الخلـل الـذي يحدثـه في الجهـاز العصبي ومـن ثـم إلى الخلايـا الدماغية التي يوجد بها العصب الدماغي فيتـأثر هـذا العصب بـشحنة مـن الكهربـاء العالية الدرجة مما يحدث الصرع المفاجئ دون سابق إنذار.

وأسبابه :-

١: حالات عشق الجن للأنس .

٢: ظلم الأنس للجن .

٣: حالات الحسد الشديدة .

٤: حالات التوكيل القوية (السحر) وهو التوكيل بالبوس .

٥: اعتداء الإنسي على الجني من دون قصد فينتقم الجني منه شر انتقام .

٦: اعتداء الإنسي على الجن بقصد مثل الشتم والاهانه لهم .

أعراض الصرع الذي هو من الجن :

- يتأثر من تلاوة القران مباشرة .

- لا يتأثر المصاب بالضرب في حالة التلبس الكامل .

- انفعال الشخص اثناء رش الماء المقروء عليه بسبب ان الجني المعتدي على الجسد يكون ظاهرا عليه .

- فقدان الوعي تماما حيث يحتل الجني المعتدي على حواس الجسد المصاب .

- حدوث النطق في هذه الحالة من قبل الجني المعتدي على الجسد.

- استمرارية الصرع لساعات احيانا .

- يصرخ الجني الماس جسد المصاب ويتكلم مع الحضور بشكل قليل كونه يجد التعب أثناء الكلام على لسان المصاب المصروع .

- لا يوجد تأثير بالأبر المخدرة إذا كان الجني متلبسا للجسد كون السيطرة على الجسد واحساسه من قبل الجني المتعدي .

- عند خروج الجني من جسد المصاب فيبدأ الجني بخروجه بشكل متسلسل ومنتظم من أعلى الجسد إلى أسفله ويبدأ بالخروج من جهة واحدة .

- يعود جسد الإنسان إلى طبيعته الأولى وتنتهي الحالة بإذن الله .

ثالثاً: الصرع النفسي : والصرع النفسي هي ضغوطات داخلية مما تسبب له التوترات العصبية التي تنشط بسرعة كبيرة عند الإنسان المصاب بسبب مشكلة أو ضغوطات لا يستطيع تحملها ولا يتمكن من حلها فتحدث له

الانعكاسات التي تولد لديه فجوة من العنف والانفعال بحيث يصبح الجسد ضعيفاً جداً فتبدأ الصراعات النفسية تتداخل، فيصبح التأثير والضغط على الدماغ مما يؤدي إلى الخلل المباشر، وهذا يعود إلى حجم المشكلة وبمساعدة القرين عليه فيصبح الوضع النفسي ضعيفاً جداً فينقلب عليه بالصرع وهو ما يسمى بالصرع (النفسي) .

أسبابه :

- الخوف الشديد من امر خاص بالمصاب .
- عندما يرى الشخص منظراً مرعباً لا يستطيع تحمل رؤيته .
- إذا رأى الشخص انساناً عزيزاً عليه في حالة خطرة مثل حالة تدهور او دعس .
- إذا تعرضت فتاه إلى التعدي عليها مثل الاغتصاب ولم تستطيع تجاوز هذه المرحلة من حياتها التي سوف تبقى في ذاكرتها على مدى الحياة.

أعراضه :

- ليس له سبب او مرض طبي .
- لا يتأثر عندما يقرأ عليه القران الكريم .
- يحدث هذا النوع من الصرع عندما يتذكر المصاب حادثة معينة .
- يتكرر هذا الصرع عند المصاب أكثر من مرة في اليوم الواحد .
- يمكن من المصاب أن يسيطر على نفسه وإلغاء حدوث الصرع .
- لا يتصلب جسد المصاب بل يكون لينا مرنا .
-

يتأثر بالضرب ومن الممكن مقاومة الضرب مع ظهور علامات التألم على وجهه ويتأثر أيضا بالإبر الطبية .

- من الممكن أن يعض على لسانه ولكن لا يؤذيه .

- يكون مدرك ويسمع ما حوله .

- تنتهي الإصابة فورا إذا تخلى المصاب عن الفكرة والمشكلة التي يحملها .

علاج صرع الجن

أما علاج الصرع الذي هو من قبل الجن فعلاجه بالقرآن الكريم والأدعية النبوية الواردة عن سيدنا محمد عليه الصلاة والسلام، والعلاج كما يلي:

أولاً :- تشخيص الحالة من قبل المعالج إذا كان الصرع بسبب الجن أو غير ذلك، وإذا كان الصرع من قبل عارض من الجان فعلى المعالج أن يوضح للجن حرمة هذا العمل الذي يعمله ويأخذ عليه عهداً على عدم الرجوع إلى هذا الجسد ويقوم المعالج بصرف العارض، وإذا رأى المعالج شيئاً من التمرد من قبل الجن فعليه تلاوة آيات العذاب والحرق والتهديد والوعيد واذا اضطر المعالج للضرب فعليه ان يضرب أطراف الجسد أو على جوانبه حتى يترك الجسد .

ثانياً :- محاولة صرف العارض من الجلسة الأولى .

ثالثاً :- إعطاء برنامج للمصاب لمدة ١٤ يوماً، وهو قراءة السور التالية صباحاً ومساءاً سبع مرات : الفاتحة، أول خمسة آيات من سورة البقرة، آية الكرسي والآيتان التي بعدها سورة البقرة آية رقم ٢٥٥ – ٢٥٧، آخر

ثلاث آيات من سورة البقرة، آخر ثلاث آيات من سورة الحشر، آخر اية من سورة الفتح، الكافرون، الاخلاص، الفلق، الناس.

رابعاً :- قراءة سورة البقرة يومياً لمدة ٢١ يوم بعد الجلسة الثانية .

خامسا :- على المصاب ان يقراءة سورة البقرة كل ثلاث ايام مرة واحدة لمدة ٢١ يوما، واذا كان المصاب لا يقرأ فعليه الاستماع لسورة البقرة يوميا لمدة ٢١ يوما .

سادساً :- يُقرَأ على المصاب جلسة أخرى بعد ٢١ يوما للتأكد من استقرار الحالة وعلاجها .

أسباب عودة الجني للمصاب بعد طرده :-

١- عدم الالتزام في الصلاة .

٢- عدم استخدام البرنامج المخصص للمصاب من قبل المعالج.

٣- الذهاب إلى المشعوذين والعرافين .

٤- الانكباب إلى الشهوات .

٥- ارتكاب المحضورات .

٦- عدم التزامه لجلسات العلاج المخصص له من قبل المعالج .

علاج الصرع النفسي

أولاً :- إعلام المصاب أن هذا الصرع هو ليس بصرع عضوي او جني حتى لا يصيبه الوهم ويتراجع عن فكرته التي يفكر بها من ناحية التلبس الذي هو من الجن، لأن هذا النوع من الصرع يعتقد بأنه تلبس من الشياطين

فيجب أن يكون التشخيص سليماً ودقيقاً بحيث يتم العلاج دون تعقيد الحالة .

ثانياً:- معرفة المشكلة المحيطة به ومدى التأثير النفسي له .

ثالثاً:- حل المشكلة المحيطة به ومن جميع الأطراف .

رابعاً:- إعلام الشخص المصاب على أنه لا يمكن التخلص من هذا المرض إلا بالرجوع عن الأفكار والأوهام والخيال حتى يكون على بينة وعلم على أن الصرع الذي يحدث له هو من تلقاء نفسه ومن الممكن أن يشفى منه إذا تخلى عنه بكل قناعة.

خامساً:- أن يبتعد المصاب عن الوحدة وأن يخالط الناس قدر الاستطاعة .

سادساً:- ممارسة أي نوع من الرياضة إن استطاع (مهم جداً) .

سابعاً: يجلس جلسة أخرى بعد ٢١ يوماً على أن يكون قد تلى هذه الآيات من قبل وهذه الآيات هي : (الفاتحة، أول خمسة آيات من سورة البقرة، آية الكرسي والآيتان التي بعدها، آخر ثلاث آيات من سورة البقرة، الكافرون، الإخلاص، الفلق، الناس) والإكثار من قول لا إله إلا الله وحده لا شريك له له الملك وله الحمد يحي ويميت وهو على كل شيء قدير، والإكثار من قول بسم الله الرحمن الرحيم ولا حول ولا قوة إلا بالله العلي العظيم).

ثامناً : الابتعاد عن أخذ الأدوية المهدئة وغيرها التي تؤثر على الوضع النفسي للمصاب تدريجياً لأن الأدوية النفسية تقوم على تخدير الأعصاب مما يجعلها ساكنة دون حركة مما يؤدي إلى الكسل والغثيان والخمول والإرهاق الجسدي.

رابعاً : الصرع الكاذب : هو الادعاء بالصرع ومن الممكن أن يتدخل به القرين لأنه وفي هـذه الحالة يقوم الشخص بفتح المجال له بالتدخل المباشر عليه مـما يحدث لهـذا الـشخص الصرع وهو ما يسمى بالصرع (الكاذب) .

اسبابه :-

- هروب المدعي بالإصابة من امر يتعلق به والتستر عن أمر من الممكن ان يفضحه ويكـون عارا عليه طوال حياته مثل الفشل في الدراسه وغيرها.

- هروب المدعية بالإصابة على ان علاقتها غير الشرعية مع أحد الأشخاص تم فقدان بكارتها وتقوم بإخفاء الحقيقة فتدعي على إنها جني .

إن لكل نوع من أنواع الصرع له أعراضـه تختلـف اختلافاً كاملاً عـن الأخرى فيجب أن يكون التشخيص والمعرفـة الكافيـة بحيـث لا يـتم الخلـط بـين إصـابات الـصرع الحقيقي وغير الحقيقي .

أعراضه :

- لا يتأثر بقراءة القران الكريم ومن الممكن ان يخادع على انه متأثر .

- اذا ضرب الشخص المدعي يكون في كامل الإدراك ويشعر بالضرب .

- يكون الجسد لينا غير متصلباً ومن الممكن حدوث التصلب في سبيل الإقناع .

- تكون جميع المعلومات التي يدلي بها غير مقنعة وغير مطابقة عـن المعلومات الـصحيحة والتي تتعلق بأمور الجن والشياطين والسحر وغيرها .

من أهم أمور النجاح لعلاج المصاب بالصرع الكاذب ما يلي :

- التشخيص الدقيق للحالة من قبل المعالج .

- استدراج الكذاب بعدة اسئله مموه تخص بعالم الجن .

- خدعة الكذاب لكشف حالته أمامه وأمام أهله .

- مواجهة الكذاب بالدليل الشرعي وإقامة الحجة عليه .

- معرفة السبب والوقوف على حقيقة كذبه .

- متابعة علاج المدعي بالإصابة لتنظيم الوضع النفسي لديه وتنظيم قرينه .

- رفع درجة النفس عند المدعي بالصلاة والأذكار ورفع درجة إيمانه ومحاوله إعطاء الفرصة له لتصحيح وضعه وتنبهه على ان الخطاء لا يعالج بالخطاء .

صرع الاستحواذ : هو وصول الشيطان إلى دماغ الإنسان مما يجعله في غاية اللامبالاة في ارتكاب المعاصي فتصبح الممارسات المحرمة عند الشخص المستحوذ عليه مباحة عنده وعدم الاكتراث بأي شيء يحدث فيما بعد بسبب السيطرة الكاملة عليه وتكون هذه المرحلة متقدمة عند المصاب ويكون الشخص المصاب اثناء الرقية مدركا في الأقوال والأفعال ولكنه غير مسيطر على نفسه ومن الممكن استخدام أسلوب الإيحاء للشخص المصاب حتى نتمكن من كشف إصابة الاستحواذ هل هي من قرين الشخص ام من شيطان آخر وأسلوب الإيحاء هو محاورة الشخص حتى يدلي بكل ما لديه من معلومات حول ما وقع به والحدث الذي أوصله إلى ذلك الأمر ونقوم بمواجه الشخص المصاب حتى نعلمه بأن هذا الصرع ليس بجني متلبس الجسد وإنما هو ضعف نفسي عنده بسبب بعض المشاكل أو الضعف الإيماني أو التعمق بالدين مندفعا بها مرة واحدة وفهمه لبعض مسائل الدين خطأ .

أماكن خروج الجن من جسم الإنسان

إن أماكن خروج الجن من جسم الإنسان هي من ثلاثة اماكن (وهي تعتبر اجتهاداً) :-

١-من القدمـين .

٢- من اليديـن .

٣-ومن الفـم .

هذه الأماكن تعروف بالمسامات فمن السهل على الجني الخروج من هذه الأماكن وخاصة اليدين والقدمين، وبالنسبة للفم هو استفراغ السحر الـذي هـو عـن طريـق الطعـم الموجـود في المعدة فيخرج الموكل ومن معه إذا كان هناك عدد من الجن .

أعراض السحر والمس الشيطاني والحسد

لقد تبين أن هناك تشابه كبير في أعراض الإصابات الروحية عند الشخص المصاب .

أما الأعراض التي من الممكن أن تكون مصاحبة للشخص المصاب هي ما يلي:-

* الأمراض المستمرة عن المصاب بسبب مرض عضوي او غير عضوي .

١. المشاكل المستمرة والمتقطعة ومن حين لأخر دون سبب مقنع .

٢. القلق والاكتئاب والأمراض النفسية .

٣. التراجع الملحوظ في العبادات .

٤. التعطيل لكثير من الأمور الحياتية والاجتماعية .

٥. الكره والغضب والانفعال الشديد بسبب ومن غير سبب .

٦. شحوب الوجه من حين لأخر .

٧. بروده او حراره في الأطراف .

٨. عدم التوفيق في كثير من الأمور .

٩. عدم الاستقرار في مكان واحد وحب الوحدة .

١٠. عدم الرغبة بسماع القران والأذان أحيانا .

١١. الاندفاع بعمل المحرمات والاقتراب من الشهوات .

١٢. عدم الثقة بالنفس والخوف من غير سبب .

١٣. زيادة في دقات القلب من غير مرض عضوي .

١٤. الصرع والشعور ببعض الاختناق، وغيرها .

١٥. الصداع المستمر من غير مرض عضو .

وأما بخصوص كيفية التشخيص ومعرفة نوع الإصابة

أولا : يجلس الشخص المصاب على كرسي بارتياح أمام المعالج مباشرةً .

ثانيا : وضع وسادة فوق القدمين ومن ثم وضع اليدين فوق الوسادة وإغلاق أصابع اليد على بعضهم البعض باستقامة للأمام .

ثالثا : على المصاب قول بسم الله أوله وأخره مع اخذ الشهيق من الأنف والزفير من الفم لحين اكتمال قراءة الرقية .

رابعا : يقوم المعالج بقراءة آيات الرقية على الشخص المصاب وآيات الشفاء وبالإضافة للأدعية الواردة من السنة النبوية المطهرة

خامسا : أثناء القراءة على الشخص وحدوث الانعكاسات وظهور بعض الحركات بدرجات معينة ومحدودة في أطراف اليدين او القدمين او

تغيير في النظرات نعرف ان هناك إصابة على الجسد وتكون اما إصابة فعلية او غير فعلية .

* الإصابة الفعلية التي تنتج منها مرض روحي أي ان من الممكن ان يكون هناك مساً او سحراً او حسداً او عيناً وهذه الإصابات تشخص عن طريق الانعكاس والانفراج التدريجي لحركة الأصابع ولا يشترط أن ينطق الجني على لسان الشخص المصاب اذا كانت الإصابة مقترنة بالجسد أي انها (إصابة خارج الجسد) .

* الإصابة غير الفعلية هي الإصابة التي لا علاقة لها بالجن او بالسحر او بالمس او الحسد ولكنها تصنف اما حالة وهم او نفسية او انفعالية او قرين او حالة مفتعلة او حالة اجتماعية او سلوكية .

سادسا : معرفة نوع الإصابة اذا كانت منفردة او إصابة مزدوجة فيتم إعطاء البرنامج المناسب للشخص المصاب مع اكتمال جلساته المقررة له إذا كانت له جلسات أخرى .

سابعا : اذا كانت الإصابة غير فعلية فلها تعامل أخر بحيث يخرج المصاب إن كان ذكرا او أنثى من المشكلة التي وقع بها ومعرفتها وحلها بالطرق السليمة دون تعقيد .

العقم وعـــــدم الإنجاب

١ – أسبابه .

٢ – علاجـه .

الأسباب الروحية

ان الإصابة الروحية عند الشخص المصاب لها السبب والأثر الكبير في عملية عدم الإنجاب او ما يسمى (بالعقم) لكلى الزوجين .

* ومن الأسباب الروحية ما يلي :-

- السحر المشترك او سحر الربط للزوجين او لأحد منهما .

- التوابع الشيطانية للزوجين او لأحد منهما .

- المس الشيطاني او مس الجن العادي .

- الحسد الشديد ويتبعه أصابه من الجن .

الأسباب العضوية العضوية

ان الأسباب العضوية التي من الممكن ان تكون لها سببا رئيسيا في عملية العقم وعدم الإنجاب تقتصر على عدة أسباب ومن أهمها :-

اولا : الأسباب عن الرجل (الزوج) :-

- ضعف شديد في الحيوانات المنوية .

- اللزوجة الزائدة في السائل المنوي .

- ضعف في حركة الحيوان المنوي وعدم نشاطه .

- مرض الدوالي .

- عدم وجود الخصية او ما تسمى (بالخصية المهاجرة) .

- الأمراض العضوية في الجهاز التناسلي مثل البروستاتة وتضخم الخصية وعدم انتصاب الذكر والالتهابات الشديدة والمستمرة في الجهاز التناسلي.

- عدم وجود الحيوان المنوي نهائيا (العقم) .

ثانيا : الأسباب عند المرآة (الزوجة) :

- ارتفاع نسبة الهرمون .

- الضعف الشديد في المبايض .

- خلل في الدورة الشهرية .

- الالتهابات الشديد في الرحم .

- عدم نضوج البويضة او عدم اكتمالها .

الأسباب العضوية الروحية

ان هناك كثير من الأمراض العضوية يكون سببها مرض روحي يسبب بذلك العقـم وعـدم الإنجاب وهي كما يلي :-

- السحر المشترك .

- السحر العام .

- سحر ربط إيذاء .

- المس .

- التوابع .

- الحسد الشديد والعين .

علاج العقم (عدم الإنجاب)

علاج العقم إذا كانت الإصابة روحية

ان برنامج العلاجي لمثل هذه الإصابة يكون على النحو التالي :-

١- يجب على الزوجين ان يخضعوا جلسة قراءة عند معالج ذو خبره في العلاج كي يتم تحديد نوع الإصابة .

٢- اذا وجـدت إصابة روحية عنـد الـزوجين او احـداهما فعليهم ان يخـضعوا جلـستين كي يتسنى لهم العلاج بإذن الله .

٣- يعطى برنامج قراءة للزوجين بعد اكتمال الجلسة الأولى يوميا لمدة سبعة ايام وهو ما يلي :-

* اذا كانت الإصابة سحراً او مساً او توابع فهو كما يلي:-

- قراءة سورة البقرة يوميا على كأس ماء والشرب منه يوميا لمدة سبعة ايام دون انقطاع .

- قراءة ما يلي بعد كل صلاة سبع مرات يوميا لمدة سبع ايام متتالية:

١- الفاتحة .

٢- ١ – ٥ من سورة البقرة : الم * .... المفلحون .

٣- ٢٥٥ – ٢٥٧ البقرة : الله لا اله الا هو .... خالدون .

٤- ٢٨٥ – ٢٨٦ البقرة : امن الرسول .... الكافرين .

٥- أواخر الحشر : لو أنزلنا هذا القران .... الخ .

٦- أواخر الفتح : محمد رسول الله والذين .... الخ .

٧- الكافرون – الإخلاص – الفلق – الناس .

ملاحظة هامة : يجب على الزوجين إكمال جلسات العلاج عند المعالج اذا لزم الأمر لذلك .

* اذا كانت الإصابة ربط (سحر ربط إيذاء او عام) :-

١- قراءة سورة البقرة على كمية ماء والشرب والاغتسال في مكان طاهر يوميا لمدة سبع ايام متتالية .

٢- قراءة ما يلي بعد كل صلاه سبع مرات يوميا لمدة سبع ايام :

- الفاتحـــة .

- ١ – ٥ من سورة البقرة .

- ٢٥٥ – ٢٥٧ من سورة البقرة .

- ٢٨٥ – ٢٨٦ من سورة البقرة .

- الكافرون – الإخلاص – الفلق – الناس .

ملاحظة : يجب على الزوجين اخذ جلستين عند المعالج كي يتم الصرف والطرد بإذن اللـه ويتم شفاء الحالة كاملتا .

* اذا كانت الإصابة حسد او تابعة :

- قراءة سورة البقرة على كمية ماء والشرب منه والاغتسال في مكان طاهر يوميا لمـدة ٧ – ١٠ ايام ويضاف ايضا ما يلي سبع مرات :-

١- الفاتحة .

٢- ١- ٥ البقرة .

٣- ٢٥٥ – ٢٥٧ البقرة .

٤- ٢٨٥ – ٢٨٦ البقرة .

٥- أواخر الحشر : لو أنزلنا هذا القران .... الخ .

٦- أواخر الفتح : محمد رسول اللـه .... الخ .

٧- أواخر القلم : وإن يكاد الذين كفروا ليزلقونك ... الخ .

٨- ايه ٤ – ٥ الملك .

٩- أول عشر آيات الجن .

١٠- أول عشر آيات الصافات .

١١- الكافرون - الإخلاص - الفلق - الناس .

علاج العقم أو (عدم الإنجاب) إذا كانت الإصابة غير روحية

- اخذ الفيتامينات والمقويات .
- أكل العسل المقروء عليه سورة الأنعام صباحا ومساءًا يوميا لمدة ٢١ - ٤١ يوم بنية الشفاء مع الدعاء .
- أكل التمر صباحا يوميا لمدة ٦٠ يوم .
- قراءة سورة الصافات مساءً وسورة المعارج صباحاً يوميا لمدة ٤١ يوم بنية الشفاء .
- صلاة ركعتين قضاء حاجة يوميا .
- الدعاء المستمر وخاصة في جوف الليل : لا اله الله الحليم الكريم سبحان الله رب العرش العظيم أسألك اللهم موجبات رحمتك وعزائم مغفرتك والغنيمة من كل بر والسلامة من كل أثم اللهم لا تجعل في مقامنا هذا ذنبا إلا غفرته ولا هما إلا فرجته ولا حاجة من حوائج الدنيا لك فيها رضا ولنا فيها صلاح إلا قضيتها يا ارحم الراحمين .
- شرب الماء المقروء عليه آيات الشفاء وآيات الرقية يوميا .
- مراجعة بعض الأطباء المختصين والموثقين بهم والذين لديهم الخبرة الكافية في إعطاء الأدوية المناسبة بعد مشيئة الله وجلت قدرته .

السرطـــــان

وكيفية علاجه بالرقية الشرعية

قول بعض الأطباء ان مرض السرطان هو نمو غير طبيعي لبعض الخلايا الموجودة في الجسم

ينقسم مرض السرطان إلى قسمين رئيسيين هما :

أولا : المرض العضوي .

فهو ناتج عـن بعض التغيرات الفسلولوجية في جـسم الإنـسان لنمـو بعـض الخلايـا غير الطبيعية منه الحميدي ومنها الأورام الخبيثة وله أقسامه المتنوعة مثل:-

١- سرطان الدم .

٢- سرطان الدماغ .

٣- سرطان الخلايا .

٤- سرطان الرئة والمعدة والعظام والحالب .

٥- سرطان الثدي .

٦- سرطان الجلد وغيرها .

ثانيا : المرض الروحي .

أن من الإمراض العضوية الفتاكة سببها إصابة روحيه أي انه يتعلق به من الإمراض الروحية على مصارعها منها المس والسحر والحسد والعين والكثير من الحالات المرضية نجدها إصابة روحيه قد تمركزت في الخلايا والجهاز العصبي والحسي عند الكثير من المصابين بالإصابات الروحية .

علاج السرطان

١- علاج السرطان العضوي .

من اهم الأمور في علاج لمثل هذه الإصابات اكتشاف الإصابة مبكرا حتى يتم حصر الإصابة وعدم انتشارها بين خلايا جسم المصاب ومن ثم إتباع التعليمات التي تعجل في استشفاء هذه الاصابه المرضية عند المصاب وهي :-

١- تحديد نوع السرطان عند الأطباء المختصين .

٢- اخذ العلاجات اللازمة وبالموعد المحدد .

٣- تهيئة الجو النفسي المريح للمصاب .

٤- الترفيه المستمر للمصاب .

٥- الراحة البدنية .

٦- يجب على المصاب ان يخضع جلسات علاجية بالرقية الشرعية عند معالج ملم وهي ما بين ثلاث إلى ست جلسات بنية الشفاء .

٧- شرب العسل صباحا ومساء يوميا لمدة ٤٠ – ٦٠ يوم بنية الشفاء والدعاء والتضرع إلى الله وحده .

٨- أكـل ملعقـة كبـيرة مـن حبـة البركـة الناعمـة . يوميـا صبـاحا ومـساء لمـدة ٣٠ - ٤١ يوم .

٩- ممارسة أي نوع من الرياضة قدر الاستطاعة مهم جدا .

ملاحظة مهمة جدا / إن من شروط الاستجابة والشفاء هو الالتزام بالعبادة وقراءة القران والدعاء والتضرع إلى الله والصلاة في جوف الليل وعدم القنوط مـن رحمـة اللـه وان تغلـق الأبواب عن وساوس الشيطان وإتباعه لان القنوط مـن الـشيطان فـلا تجعل الأبواب مفتوحـة للشيطان فكن مع اللـه ولا تبالي تجد اللـه قريب لك لقوله تعالى) ادعوني استجب لكم .

٢- علاج السرطان بسبب الإصابة الروحية .

أولا : مرحلة العلاج الأولى من قبل معالج بالرقية الشرعية .

١- يجب على المصاب ان يخضع جلسة قراءة حتى يتم معرفة وتحديد نوع الإصابة الروحية .

٢- اذا وجدت إصابة روحية مثل السحر او الحسد او المس او أي نوع من أنواع الإصابات الروحية على المعالج إعطاء البرنامج المناسب حسب الإصابات التي ذكرت سابقا .

٣- على المصاب ان يخضع مـن ثلاث إلى خمـس جلـسات عند المعالج حتـى يتم صرف الإصابة واستقرار وشفاء الحالة بإذن اللـه .

ثانيا : مرحلة العلاج الثانية من قبل المصاب .

١- يجب على المصاب ان يعتقد كل الاعتقاد بإن اللـه هو الشافي والمعافي وهو الضار والنافع وحده .

٢- على المصاب ان يدعو اللـه بيقين وإيمان واحتساب وان يوقن بالإجابة ولا يقنط من رحمة اللـه .

٣- على المصاب ان يخضع نفسه للعلاج بالقران الكريم وبالرقية الشرعية .

٤- استعمال البرنامج الذي يصرفه المعالج للمصاب والتزامه في الجلسات المحددة له .

٥- استعمال بعض الأدوية التي تصرف له من قبل الطبيب المختص لان الإصابة الروحية اذا سببت إصابة عضوية فان استعمال الأدوية تكون مفيدة ايضا في استشفاء الحالة بعد مشيئة اللـه .

٦- ممارسة أي نوع من الرياضة قدر الاستطاعة .

الشفاء الاول لكل الأمراض القلبية والبدنية وهو القران الكريم

القران الكريم هو كلام اللـه رب الأرض والسماوات فيه من الهداية والعبر التي لو جمع أشجار العالم لتصنع أقلاما ومياه الأرض لتصبح حبرا وأوراق الشجر كلها لتصبح ورقا يكتب عليها لن تكفي لتفسير ووصف آيات القران الكريم والتي يوجد بها الأسرار الإلهية العظيمة .

قال تعالى: ﴿وَنُنَزِّلُ مِنَ الْقُرْآنِ مَا هُوَ شِفَاءٌ وَرَحْمَةٌ لِلْمُؤْمِنِينَ﴾ (١)

---

(١) الاسراء (٨٢).

فالقران هو شفاء التام والأول لجميـع الأدواء القلبيـة والبدنيـة ودواء الـدنيا والآخـرة وإذا أحسن العليل التداوي به ووضعه على دائه بصدق وإيمان وقبول تـام دون تـردد واعتقـاد جـازم يتم العلاج بإذن اللـه تعالى ولا تقاوما الأدواء كلام رب الأرض والسماء الذي لو نزل على الجبـال لصدعتها او على الأرض لقطعتها .

يقول صلى اللـه عليه وسلم : «ومن لم يشفه القران فلا شفاء له» [1].

(١) رواه مسلم من مسنده.

الأذان وفوائده العظيمة

الأذان طارد للشيطان :

عن أبي هريرة رضي الله عنه قال : قال رسول الله صلى الله عليه وسلم) اذا نودي للصلاة أدبر الشيطان وله ضراط حتى لا يسمع التأذين فإذا قضى النداء اقبل حتى اذا ثوب بالصلاة أدبر حتى اذا قضى التثويب اقبل[١] .

ومن الفوائد العظيمة للأذان :

الفائدة الأولى : علاج وفك السحر وخاصة اذا كان السحر من أنواع التوكيلات الشيطانية وهو ما يسمى (السحر الأسود) .

الفائدة الثانية : تنظيم وعلاج القرين اذا كان الشخص مصاب بسيطرة او مس قرين .

الفائدة الثالثة : طرد الجني المتلبس بالجسد او المقترن به خارج الجسد .

الفائدة الرابعة : طرد التوابع الشيطانية التي تتبع الشخص المصاب .

الفائدة الخامسة : إبطال إصابة العهد الشيطاني .

الفائدة السادسة : طرد الشياطين من المنازل وتطهيرها من العمار .

الفائدة السابعة : حصن حصين من الشيطان الرجيم وأتباعه من الجن .

الفائدة الثامنة : الراحة النفسية والطمأنينة ويطرد الخوف .

---

(١) متفق عليه.

الفائدة التاسعة: فضل الأذان يقول صلى الله عليه وسلم ان المؤذنين أطول الناس أعناقا يوم القيامة، ما من شيء في الأرض ولا في السماء يسمع المؤذن الا وشهد له يوم القيامة[1] .

طريقة الاذان وكيفية العلاج بـه

هناك عدة طرق للاستشفاء بالأذان من الممكن ان يستفاد منها الشخص المصاب بإصابة روحيه وهي ما يلي :

- الاذان بعد كل أذان (١١) مره بنية الشفاء ويتبع بعد الأذان أدعية الشفاء الواردة في السنة النبوية المطهرة يوميا لمدة (٢١) يوم .

- إحضار كمية ماء يكفي للاغتسال والشرب ويوضع أمام القارىء مستقبلا للقبلة فيتم قراءة الفاتحة وآية الكرسي وخواتيم البقرة ويتبعه الأذان (١٤) مرة بنية الشفاء والطرد ويتم الاغتسال بالماء المرقي في مكان طاهر يوميا لمدة (١٤ – ٢١) يوم .

- على الشخص المصاب ان يرفع الأذان بعد الصلاة مباشرتا (٧) مرات يوميا لمدة (٧) ايام بنيه الشفاء والطرد اذا كان المصاب ذكرا واذا كانت أنثى ولا يوجد عندها طهارة فعليها ان تؤذن بعد إقامة الصلاة مباشرتا يوميا لمدة (٧) ايام .

شروط لاستجابة الدعاء وخاصة بعد الأذان ما ينبغي ان يكون عليه المؤذن ويستحب للمؤذن ان يتصف بالصفات التاليه :

---

(١) رواه مسلم.

١- ان يكون طاهرا من الحدث الأصغر إلى الحدث الأكبر .

٢- ان يكون قائما مستقبل القبلة .

٣- ان يلتفت برأسه وعنقه وصدره يمينا وشمالا .

٤- ان يدخل إصبعيه في أذنيه .

٥- ان يرفع صوته بالنداء .

٦- ان يتمهل في الاذان .

٧- ان يمد لفظ الجلالة .

المخالفات الشرعية التي يرتكبها الكثير من المعالجين

ان العلاج والمعالجين بالرقية الشرعية وغير الرقية الشرعية قد انتشروا انتشارا كبيرا وعلى مستوى العالم وحتى في الدول الغربية .

* المخالفات الشرعية الذي وقع بها المعالج بالرقية الشرعية

- استخدام العسل في علاج الأمراض الروحية .

- استخدام الزيت (زيت الزيتون وزيت حبة البركة وغيرها) .

- استخدام الخلطات والأعشاب .

- استخدام عشبة السنا مكة وقصة الأخت ودم الأخوين على أنها تعالج إصابات السحر المأكول .

- وضع يد المعالج على رأس المصاب وخاصة الأجنبية .

- تغطية المصاب وتمديده .

- استعمال الإيحاء بدون علم .

- الضرب والضغط على المصاب .

- الضغط على المصاب واستخدام الإيحاءات بالنطق دون معرفة ولا علم .

- سماع الشكوى من المصاب وتثبيتها على أنها أعراضا للإصابات الروحية.

- استخدام الملح او القماش المكتوب عليه آيات قرآنية او ثقب الأصابع على انه علاج لإخراج الجني من جسد المصاب .

- استخدام الكهرباء وهذا الأمر هو من اخطر الأمور .

- وضع المصاب في برميل من الماء والملح لساعات بل يوم كامل.

* المخالفات الشرعية لدى المعالجين بغير القران الكريم (المدعي)

- كتابة الحجب القرآنية وغير القرآنية .
- إعطاء للمصاب بعض البخور والخرز والخيوط وغيرها .
- تبييت الإصابة لليوم الثاني من قبل المدعي بالعلاج .
- اخذ اسم الام واسم المراد علاجه .
- القراءة بصوت غير مسموع والتمتمة بكلام غير مفهوم .
- استخدام الجن بالفتح والكشف على المصاب .
- استخدام المندل وضرب الرمل والحصى .
- تلبيس المصاب بجني حتى يتم معرفة الاصابة .
- استخدام قطع الفضة وتعليقها بعد الكتابة عليها .
- القراءة على صورة الشخص المصاب .
- اخذ اثر من الشخص المراد علاجه وغيرها من الشركيات .

ملاحظة / ان المعالجين بغير القران الكريم لا يتم عندهم العلاج بل من الممكن ان تـزداد الحالة سوء بسبب التعامل غير الشرعي لهؤلاء الأشخاص المرتزقة والوقوع في الكفر والشرك والعياذ بالله .

كيف تفتح لك أبواب الرزق وكيفية وجود البركة بها

قال تعالى (ومن يتق الـلـه يجعل له مخرجا ويرزقه من حيث لا يحتسب)[الطلاق:٢]

اذا دلت هذه الاية الكريمة على ان الرزق يأتي للإنسان عندما يتقي الـلـه سـبحانه وتعالى في كل مكان وزمان وفي السراء والضراء فيجعل الـلـه له مخرجا من كـل ضيق ومصيبة، وتقـوى الـلـه تعني هنا ان تعبد الـلـه وكأن تراه ومن الأمور التي يجب على المسلم ان يقوم بها لتوسيع ابواب الرزق هي ما يلي : -

- المحافظة على الصلاة وخاصة جماعة .

- الاكثار من النوافل .

- قيام الليل والاكثار من الاستغفار .

- الاكثار من قراءة القران الكريم .

- قراءة سورة الواقعة يوميا .

- العمل وكسب المال الحلال .

- صلة الرحم بإستمرار .

- الزكاة باستمرار (ما نقص مال من صدقة) .

- الإحسان والأمر بالمعروف .

- إطاعة الوالدين .

كيفيه معرفة الجني المتلبس

هناك الكثير من الحالات الفعلية وغير الفعلية تم خلطها ببعض ولكن علامـات وأعراض الجن المتلبس لجسد الإنسان إثناء القراءة وهي :-

١- التأثير المباشر أثناء قراءة الرقية على الشخص .

٢- ظهور الاهتزازات المستمرة وتطورها .

٣- التشنجات التي تظهر في الإطراف مبتدئة بأطراف القدمين .

٤- الجن عبارة عن ذبذبات يبدأ لبسه مـن أسفـل جسـد الإنـسان مبتدأ مـن القدمين ومنتهيا إلى الدماغ .

٥- حدوث البرودة في أطراف اليدين والقدمين .

٦- حدوث الصرع والإغماء وفقدان السيطرة الكاملـة منها الحسيه والبصرية والنطقية والسمعية والجسدية .

٧- تغميض الأعين مع حدوث الرمش المتقطع .

٨- أثناء خروج الجني من الجسد يتم استعادة الإدراك للشخص المصاب بحيث نجده في حاله تعجب واستغراب .

٩- اثناء القراءة على الشخص المصاب جلسة اخرى نجد الجسد سليما وخاليا مـن الإصابة ولا يتأثر من قراءة الرقية مره اخرى .

حقيقة واقعية يجب معرفتها للجميع والاعتراف بها من قبل الأطباء

هناك الكثير من الحقائق يجب على الجميع ان يعرفها ويقتنع بها عامة الناس والأطباء خاصة الذين لا يؤمنون بالشفاء الرباني الا وهو القران الكريم .

انني اضع الدليل القاطع على من لا يؤمن بأن القران الكريم فيه شفاء .

قال تعالى **(وننزل من القران ما هو شفاء ورحمة للمؤمنين ولا يزيد الظالمين الا خسارا)**

وقول المصطفى صلى الله عليه وسلم «ومن لم يشفيه القران فلا شفاء له »

دلت الايه الكريمة من سورة الاسراء والحديث الشريف على ان القران فيه شفاء ورحمة واختص سبحانه وتعالى بإن الشفاء للمؤمنين فقط .

اذا كيف نسمع ونعلم وندرس ونعلم ان القران فيه شفاء ورحمة وهو من رب الأرض والسماوات ونتجاهل ونتكبر ونعاند دون علم ولا معرفة، كم من الحالات المستعصية الكثيرة والتي لا تعد ولا تحصى عجز عنها الأطباء والدواء عن معالجتها وكم من الحالات التي راجعت الكثير من الأطباء والمستشفيات الخاصة وغيرها دون فائدة مرجوة، وكم من الحالات دمرت نفسيا بسبب عدم وجود العلاج او التشخيص الصحيح للحالة المرضية عند الطب المتعارف عليه .

تعقيب / ان العلاج بالقران الكريم ليس بالوهم وإنما حقيقة جهله من جهله وعلمه من علمه ولكن وللأسف الشديد ان هناك من العلماء الحديثين في هذا الزمن المعاصر ينكرون ويشككون بذلك فأصبح الناس بين مؤيد وغير مؤيد وحدوث الجدل والنقاش والمتاهات على أن الجن لا يستطيع أن يحدث الضرر للإنسان من مس أو سحر أو حسد علما بان الله سبحانه وتعالى ذكره في كتابه

العزيز وسنه نبيه محمد عليه أفضل الصلاة والتسليم والسلف الصالح والتابعين واجمعوا عليه أهل العلم وكذلك أيضا أثبتته الدول الغربية والأوروبية ودول شرق أسيا وهناك الكثير من هذه الدول تعالج المصابين منهم برقيتهم الخاصة بهم وهم يعتقدون كل الاعتقاد بوجود الإصابات الروحية وتأثير أرواح الشياطين في نفوسهم فكيف نحن كإسلام ومسلمين وبين أيدينا كتاب الله وهو الحق المبين وسنه النبي صلى الله عليه وسلم وهو السراج المنير ننكر ونعاند في هذا الأمر ويجب علينا ان لا نخوض ولا نجادل بذلك كون الأمور والدلائل موجودة وواضحة الأعيان ومن الدلائل القرآنية مايلي :

دليل المس / الدليل القرآني : قوله تعالى: (الَّذِينَ يَأْكُلُونَ الرِّبَا لَا يَقُومُونَ إِلَّا كَمَا يَقُومُ الَّذِي يَتَخَبَّطُهُ الشَّيْطَانُ مِنَ الْمَسِّ) (١).

ودلت هذه الآية على ان أكلي الربا يقومون من قبورهم يوم القيامة إلا كما يقوم المصروع حال صرعه وتخبط الشيطان له وقال ابن عباس أكل الربا يبعث يوم القيامة مجنونا يخنق رواه ابن أبي حاتم في تفسير القران الكريم لابن كثير.

الدليل من السنة : يروى أن النبي صلى الله عليه وسلم انه امسك بطفل وفتح فاه وتفل فيه وقال الرسول صلى الله عليه وسلم اخرج عدو الله وفي رواية أخرى اخسأ عدو الله أنا رسول الله، وهناك الكثير من الدلائل القرآنية والدلائل من السنة النبوية التي دلت على ذلك.

الدليل على إن المس له تأثير على جسد المصاب : المرأة السوداء التي كانت تصرع وتتكشف في عهد النبي صلى الله عليه وسلم : روي عن النبي صلى الله عليه وسلم انه قد جاءته المرأة

(١) سورة البقرة آية (٢٧٥).

السوداء فقالت له يا رسول الله اني اصرع في طريقي وتنكشف عورتي ويروني الناس وانا في ذلك الامر منذ زمن، فادعوا الله لي ان يشفيني من هذا البلاء فقال لها الرسول صلى الله عليه وسلم اتصبري ولك الجنة ؟ قالت اصبر يا رسول الله، ولكن أدعو الله لي على ان لا أتكشف فدعا لها رسولنا الكريم على ان لا تتكشف .

دليل السحر / الدليل القرآني : قوله تعالى : (فَلَمَّا أَلْقَوْا قَالَ مُوسَى مَا جِئْتُمْ بِهِ السِّحْرُ إِنَّ اللهَ سَيُبْطِلُهُ إِنَّ اللهَ لَا يُصْلِحُ عَمَلَ الْمُفْسِدِينَ)[1]

لقد دلت هذه الآيات الكريمات على ان السحر حقيقة ولكن إبطاله بيد الله عز وجل وقال ابن ابي حاتم حدثنا محمد بن عمار بن الحارث حدثنا عبد الرحمن اخبرنا ابو جعفر الرازي عن ليث : بلغني ان هؤلاء الآيات شفاء من السحر بإذن الله تعالى فتقرأ في إناء فيه ماء ثم تصب على رأس المسحور فيبرأ بإذن الله .

الدليل من السنة : قول النبي صلى الله عليه وسلم : اجتنبوا السبع الموبقات قالوا وما هن يا رسول الله، قال: «**الشرك بالله وقتل النفس والسحر واكل مال اليتيم واكل الربا والتولي يوم الزحف وقذف المحصنات المؤمنات** »[2].

الدليل على ان السحر له تأثير : قول الله تعالى في سورة البقرة : (فَيَتَعَلَّمُونَ مِنْهُمَا مَا يُفَرِّقُونَ بِهِ بَيْنَ الْمَرْءِ وَزَوْجِهِ)[3].

دلت هذه الآية الكريمة على ان الشياطين تقوم بأعمالها وتوكيلاتها الخبيثة من أضرار وإحداث المشاكل بين الزوجين في سبيل التفريق والطلاق ، وكما قال

(١) سورة يونس آية (٧٩-٨١).
(٢) رواه مسلم.
(٣) سورة البقرة (١٠٢).

النبي صلى الله عليه وسلم) ان الشيطان ليضع عرشه على الماء ثم يبعث سراياه في الناس فأقربهم عنده منزله أعظمهم عنده فتنه ويجيء احدهم فيقول : ما تركته حتى فرقت بينه وبين أهله قال : فيقر به ويدنيه ويلتزم ويقول : نعم أنت) وسبب التفريق بين الزوجين بالسحر ما يخيل إلى الرجل او المرأة من الأخر من سوء منظر او خلق او نحو ذلك او عقد او بغضة او نحو ذلك من الأسباب المقتضية للفرقة .

تعقيب / هل يوجد هناك علم عند الجن والشياطين أم أنهم جهله كما يقول الكثير من الناس عامة وبعض من العلماء خاصة هدانا الله وإياهم ، وهناك فئة من الأطباء الذين ينكرون قدرة الجن بإحداث الأمراض الجسدية والنفسية معتقدين كل الاعتقاد على ان الجن لا علاقة له مع الإنسان وإنما ما هي الا أمور نفسية تعاقبت على الشخص المصاب ولكن بالنسبة لاطلاعاتهم على مثل تلك هذه الأمور قليلة جدا بل تكاد معدومة لأنها ليس من اختصاصهم فهم ليست مستعدين على ان يخوضوا في ذلك الأمر كونهم منشغلين في أعمالهم التي لا علاقة لها في الطب النبوي ، وأما الدليل على ذلك الأمر :-

قول الله تعالى (وَاتَّبَعُوا مَا تَتْلُو الشَّيَاطِينُ عَلَى مُلْكِ سُلَيْمَانَ وَمَا كَفَرَ سُلَيْمَانُ وَلَكِنَّ الشَّيَاطِينَ كَفَرُوا يُعَلِّمُونَ النَّاسَ السِّحْرَ) [(١)].

دلت هذه الآية الكريمة على حقيقة السحر وحقيقة من يعلم الناس السحر وان السحر علم لا يعلمه احد الا من تعلمه من سحرة الجن والشياطين ولكن تعلمه كفر بالله، إذا من هذا المنطلق نجد ان البعض من الجن والشياطين عندهم

(١) سورة البقرة ١٠٢.

العلم الكافي في هذا المجال الواسع التي تكاد تختفي حقيقته عند البعض من الناس، وهناك الجهل الكثير عند البعض من الجن والشياطين .

دليل العين والحسد / الدليل من القران الكريم : قوله تعالى (وَمِنْ شَرِّ حَاسِدٍ إِذَا حَسَدَ) [١]

سورة الفلق وقوله: (وَقَالَ يَا بَنِيَّ لَا تَدْخُلُوا مِنْ بَابٍ وَاحِدٍ وَادْخُلُوا مِنْ أَبْوَابٍ مُتَفَرِّقَةٍ) [٢].

الدليل من السنة / قول النبي صلى الله عليه وسلم «ان العين ليتبعها شيطان» وقوله «ان العين لتدخل الجمل القدر والرجل القبر» [٣].

تعقيب على الادله السابقة / ان موضوع المس والسحر والحسد والعين موضوع من الصعب ان يتم توضيحه بالكامل في سطور ولكن إثبات هذه المواضيع من القران الكريم والسنة النبوية تكفي وهناك الكثير من الآيات والأحاديث دلت على كل من أنكر ذلك .

الأدلة الموجودة بين أيدينا والموثقة : هناك العشرات من الحالات المصورة على كاميرات الفيديو والموثقة بالصوت والصورة لجميع الإصابات المذكورة في هذا الكتاب وشفاؤها التام بالرقية الشرعية علما بأن هذه الحالات ذهبت مرارا وتكرارا للأطباء والمستشفيات ولكن دون فائدة وخصوصا الحالات المصابة

---

(١) سورة الفلق (٥).
(٢) سورة يوسف (٦٧).
(٣) رواه مسلم.

بالإصابات الروحية والدليل اكبر وخير برهان على ذلك، وهناك من الفتاوى ما تكفي لإثبات العلاج بالقران الكريم وبالرقية الشرعية وتأكيد وتأييد أيضا على وجود الجن والسحر والمس والعين والحسد والأضرار الناتجة عن هذه الإصابات الروحية بعد قدرة الله ومشيئته، و الله تعالى اعلم .

نوعية الحالة المرضية وهي :

أولا : أمراض عضوية لا تعالج إلا بالتوجه السليم إلى الله ومن ثم عند الأطباء ذوي الاختصاص والمعرفة الجيدة في مجال الطب، ولا بأس باستخدام الرقية الشرعية بنية الشفاء .

ثانيا : أمراض روحية لا تعالج إلا بالمثل أي إن علاجها لا ينفعها طبيب ولا دواء ولكن علاجها بالقران الكريم والدعاء والتوسل إلى الله وحده.

وكل من أنكر ذلك قد أنكر كلام الله فله الويل من الله والعذاب الشديد في الدنيا والآخرة .

مثال : كم من حاله مرضية عرضت على الأطباء المختصين ولم يستطيعوا علاجها (لا ننكر بوجود الطب الحديث وشفاء الكثير من الحالات المستعصية بعد مشيئة الله على أيدي الأطباء المهرة والذين هم أهل التقوى) وكم من الحالات المرضية كان فيها العجب من قبل الأطباء وكم من التجارب أقاموها ليخرجوا بنتيجة ولكن دون فائدة .

وكم من المبالغ الطائله دفعت لعلاج الأمراض الروحية دون الخروج بنتيجة.

توضيـــــــح :-

كم من الحالات لعدم الإنجاب ذهبت مرارا وتكرارا إلى الأطباء وعمل الفحوصات اللازمة للأمر نفسه ولكن لا جدوى في العلاج اذا كانت الاصابه روحية وعندما يتم مراجعة الحالة عند معالج بالرقية الشرعية يتم الشفاء بإذن الله .

كم من النساء التي تحمل وبعدها يتم إسقاط الأجنة مرارا وتكرارا ولم يعرف لها سببا طبيا ولكن يتم علاجها بالرقية الشرعية ويتم تثبيت الحمل .

كم من حالات العقم أجريت لها عمليه التلقيح عن طريق الأنابيب وفشلت كل الفشل لعدة مرات وعند العلاج بالرقية الشرعية يتم بعون الله الشفاء وظهور الحمل السليم والإنجاب السليم والولادة السليمة .

كم من الحالات التي تم بها الحمل لعدة مرات وعند اكتمال الجنين نجد عنده التشوه الخلقي ويتم إسقاط الحمل دون سبب وعند القراءة والعلاج الرباني يتم انتهاء الحالة تماما وشفائها والادله موجودة .

كم من الحالات التي تعرضت للشلل النفسي ولم يجدوا طريقا للنجاة الا طريق القران الكريم والعلاج به .

كم من الأطفال أصيبوا بالمرض منه السرطان والشلل والأمراض والعجز وفقر الدم ومنهم من يموت من غير سبب مقنع ولا معرفه، ولكن منهم من عرض بالتداوي بالقران الكريم وهي سنة المصطفى عليه السلام، وتم النيل من الاستفادة والحمد لله وحده الذي أمددنا بالنور العظيم .

كم من الحالات النفسية التي أصيبت الكثير من الناس دون معرفة وعولجت بفضل الله وحده .

كم من حالات الصرع التي لها علاقة بالإصابات الروحية ولم تعالج عند الأطباء حتى لو صرف لهم الدواء واخذ بانتظام ولكن الكثير لمثل هذه الحالات عولجت عن طريق الرقية الشرعية والحمد لله .

كم ..... وكم .... وكم......... وكم ...

علينا ان لا نتكبر ولا تعاند ولا نتبع أفكار الشيطان الذي يجعل من الحق باطل ومن الباطل حق ونحن في غفلة لا نعلم بل نعلم ولكن نتجاهل .

يقول صلى الله عليه وسلم : **«ما دمتم متماسكين بكتاب الله وسنتي لن تظلوا أبدا»**

(١)

انواع التساليط

تنقسم التساليط إلى قسمين هما :

اولا : التسليط المؤقت

وهو عبارة عن توجيه امر إلى جني او شيطان على شخص ما بحيث يقترن به في سبيل ايذاءه، ويستطيع الساحر الانسي ان يسحب الجني الموكل بالمسحور اذا اراده مرة اخرى بحيث يتم توكيله على شخص اخر وهكذا .

ثانيا : التسليط الدائم

وهو عبارة عن سحر يقوم به الساحر بتوجيه وتسليط جني او شيطان على المراد سحره على مدى الحياة، وهذا السحر له خدمة خاصة في الاستعانة من الكواكب والأفلاك والنجوم ولا ينتهي المسحور من سحره الا بعد ان يتم القراءة عليه ويحدث الشفاء بإذن الله تعالى .

---

(١) رواه الشيخان بخاري ومسلم.

ظهور العلامات والاشارات في اطراف الايدي لمعرفة تشخيص الحالة اثناء

جلسة القراءة

لقد ذكرت في هذا الكتاب عن علم الإشارة الحديث في تشخيص الإصابة الروحية، وللعهد

له عدة إشارات مختلفة من الممكن ان تظهر على الشخص المصاب اثناء القراءة عليه :-

- رفع شاهد اليد للأعلى مع رفع ابهام القدم .

- رفع الشاهد والخنصر للأعلى .

- رفع الوسطى للأعلى .

- رفع ابهام القدم لوحده .

- رفع خنصر اليد للأعلى لوحده وابهام القدم .

كيفية المعرفة في شفاء حالة العهـد

- عندما يتم القراءة على الشخص المصاب وظهور إشارة العهد فعلى المصاب ان ينقض

العهد اولا من قبل المعالج الذي له الخبرة في ذلك.

- القراءة على المصاب بعزم من قبل المعالج .

- استعمال البرنامج الذي يصرف له من قبل المعالج بكل دقة .

- سقوط أصابع اليد وإبهام القدم تعني زوال الإصابة واستقرارها .

ملاحظة هامة / يجب على المصاب بهـذه الإصابة ان يجلس ثلاث جلسات قراءة حتى

يتسنى له الشفاء بإذن اللـه تعالى مع استخدام البرنامج المقرر له من قبل المعالج .

تشخيص إصابات السحر عن طريق علم الإشارة التي تظهر على المصاب أثناء القراءة عليـه مباشرةً

اولا : سحر الربط :

- انفراج الخنصر للخارج قدر درجة إلى درجتين .

- انفراج الشاهد من درجة إلى درجتين للخارج .

- سقوط الأصابع للأسفل دون انفراج .

- حركة خفيفة بالخنصر .

- اهتزاز بكفة اليد كونه يؤثر على الأعصاب خاصة إذا كان السحر قديم.

ثانيا : السحر العام :

- انفراج الشاهد والخنصر اثناء القراءة .

- انفراج الخنصر بقدر ثلاث إلى أربع درجات .

- انفراج الأصابع كلها ما بين درجة إلى درجتين وبعض السقوط في إطراف الأيدي .

ثالثا : السحر السفلي :

- انفراج الأصابع وسقوط الوسطى للأسفل .

- انفراج الأصابع وسقوط الوسطى للأسفل وحدوث الصرع ويتم أحيانا لبس الجني او الشيطان الموكل بالجسد لحين زواله وطرده .

رابعا : السحر الأسود :

- انفراج الأصابع من ثلاث إلى خمس درجات للخارج .

- رفع الأصابع للاعلى مع اهتزاز شديد .

- حدوث التشنجات باليدين والقدمين ومن ثم وقوع الشخص المصاب على الأرض .

- صرع المصاب ولكن يكون في غاية الإدراك .

خامسا : السحر المرسل :

- انفرج أصابع بإشارة السحر .

- حركة مستمرة واهتزاز بالرأس .

- أحيانا يكون المصاب في حاله فقدان الوعي أثناء القراءة .

ملاحظة (١) لا يشترط حدوث كل هذه العلامات من الممكن ظهور علامة واحدة على جسد المصاب تكفي لتشخيص الحالة ومعرفتها معرفة جيدة، وهناك بعض العلامات التي ذكرت تكون بسبب إصابة أخرى من المهم ان يكون المعالج ذو خبره كافية من ناحية دراسة علم الرقية وملما بها كي يستطيع ان يحدد نوع الإصابة دون تعقيد ولا مبالغة فيها .

ملاحظة (٢) على جميع المعالجين بالرقية الشرعية والذين يجدوا بعض الصعوبات في علاج الحالات المرضية عليهم ان يقبلوا النصيحة ولا يتأخروا بأخذها لان الدين النصيحة وتقدم لوجه لله تعالى .

اعراض المس عند الشخص المصاب

ان للمس أعراض تظهر عند الشخص المصاب وتكون واضحة في حياته اليومية وظاهره أيضا في سلوكياته أمام المقربين للشخص المصاب ومن هذه الأعراض هي ما يلي :-

١-   التغير الواضح في سلوك المصاب .

٢-   التغير الملحوظ في الوضع الاجتماعي عند المصاب .

٣-   ظهور الأمراض المستمرة في جسد المصاب ولا ينفع معها العلاج عند الأطباء .

٤-   التغير في الوضع النفسي عند الشخص المصاب .

٥-   التغير الواضح في شكل المصاب .

٦-   الانحراف وعدم المبالاة في كثير من الأمور .

٧-   الابتعاد عن العبادات وعدم الاهتمام بها .

٨-   عدم الرغبة في سماع القران والأذان .

٩-   ظهور الحالة الانفعالية والعصبية الشديدة بحيث يتم فقدان الوعي عندما يقوم الشخص المصاب بعمل شيء مدمر والاستمرارية في عمله .

أماكن الخروج الجني أو الشيطان من جسم الإنسان

لقد سمعنا الكثير الكثير من بعض المعالجين على ان الجني يخرج من جسم الإنسان عن طريق ثقب الأصابع او سحبه من الجسد عن طريق ذبذبات معينة وهي ما تسمى (بالمغنطة) او شفطه بطريقتهم الخاصة والمزعومة عند الكثير من هؤلاء المعالجين المجتهدين وحشره في زجاجة، او استنشاق بعض الأعشاب حتى يتم الخروج عن طريق العطس وهناك الكثير ما نسمعه من كلام ومحدثات ما انزل الله بها من سلطان .

ولكن هناك عدة أماكن يتم بها خروج الجني المتلبس بالجسد ولا يحدث أي اثر عند الشخص المصاب وهي من ثلاث أماكن :-

١- من أطراف اليدين .

٢- من أطراف القدمين .

٣- من الفم اذا كان الجني موكل عن طريق السحر الموجود في الطعام (سحر الطعم) او الشراب .

مرحلة ما بعد علاج السحر والمس والحسد

على الشخص الذي تعرض لإصابة ما وتم علاجه بإذن الله فعليه ان يلتزم بهذا البرنامج الذي حث عليه الرسول صلى الله عليه وسلم وهي تعتبر من التحصينات الصباحية والمسائية وهي ما يلي:-

١-المحافظة على الصلاة دون انقطاع (مهم جدا) .

٢-المحافظة على صلاة الفجر (من صل الفجر جماعة فهو في ذمة اللـه) كما ورد عن الرسول صلى اللـه عليه وسلم .

٣-المحافظة على قراءة الأذكار الصباحية والمسائية .

٤-قراءة سورة البقرة كل ثلاث أيام مرة واحدة .

٥-المحافظة على قراءة آية الكرسي والمعوذات بعد كل صلاة .

٦-الإكثار من الاستغفار والتسبيح وقيام الليل والتضرع إلى اللـه .

تشخص الإصابات غير الفعلية عن طريق الإشارات التي تظهر على الشخص المصاب أثناء قراءة الرقية الشرعية

اولا : الحالة النفسية .

١ - الاهتزازات المتقطعة في أطراف اليدين أثناء القراءة على الشخص المصاب.

٢ - الشعور بالصداع او بالاستفراغ والألم المعدة أثناء القراءة .

٣ - الرجفات الشديدة والمتقطعة او الارتخاء .

ثانيا : الحالات النفسية المكتسبة .

١- الاهتزازات والرجفات المتقطعة أثناء القراءة .

٢- الصراخ والبكاء والتشنجات .

٣- نطق الجني غير الفعلي والتحدث في أمور الجن ما انزل اللـه بها من سلطان.

ثالثا : حالات الوهم .

١-   الشعور بالصداع والاستفراغ .

٢-   الصراخ أحيانا وحالات انفعالية وبكاء متقطع .

٣-   تشنج ورجفة واهتزاز وغيره .

٤-   الصرع اثناء القراءة على المصاب ولكن ليس صرع جن .

رابعا : الحالات الانفعالية :

١-   الانفعال اثناء القراءة على المصاب .

٢-   صراخ وشتم والتشنج المصطنع بمساعدة القرين .

خامسا : الحالات المفتعلة (الكاذبة) .

١-   التكلم بأمور الجن .

٢-   النطق الكاذب في استدلال عن السحر وغيره .

٣-   الصرع دون حدوث تشنجات .

٤-   حدوث الاغماء المصطنع .

٥-   الجدال الطويل في امور لا حقيقة لها .

٦-   محاولة الهروب من الحقيقة اذا عرف المصاب على انه تم كشف ألاعيبه .

٧-   لا يتأثر بتلاوة القران الكريم اثناء القراءة عليه .

٨-   يتأثر بالضرب اذا ضرب على اطراف الجسد .

سادسا : سيطرة القرين .

١- تثاءب مستمر أثناء القراءة .

٢- حركة متقطعة بالأصابع .

٣- تساقط الدمع من العين .

٤- الرجفات المتقطعة من حين لآخر .

٥- حدوث بعض الانفعال من حين لآخر(أحيانا) .

٦- حركة بالشاهد وخاصة رفعه للأعلى .

٧- الاهتزاز المستمر بالقدمين .

٨- برودة في أطراف اليدين والقدمين .

سابعا : مس القرين .

١- الاهتزازات الداخلية في أطراف اليدين .

٢- انفراج الأصابع مقدار خمس درجات للخارج .

٣- تساقط الدمع من منتصف العين .

٤- الرجفة القوية بالجسد .

٥- الاهتزازات وخاصة في الرأس .

٦- تصبب العرق من الرأس واليدين .

٧- ارتفاع درجة حرارة الجسد كله او اليدين حسب قوه المس الظاهرة على جسد المصاب .

٨- رفع اليدين للأعلى او ارفع القدمين .

٩- التخبط بالكلام والتصرفات أثناء القراءة على المصاب.

ثامنا : الحالات السلوكية والاجتماعية .

لا يوجد أي انعكاس لمثل هذه الحالات وانما تشخص حسب الظروف والأعراض المحاطة بالمصاب وحسب تقدير وخبرة المعالج

ثالثا : الإصابات المشتركة بين الإصابة الفعلية وغير الفعلية

أولا : الاقتران .

ثانيا : التوابع .

ظهور الإشارات عند الشخص المصاب بإصابة الاقتران أثناء القراءة

- حركة متقطعة بالقدم او بأصابع المشط .

- سقوط أصابع اليد .

- سقوط الدمع من أطراف العين الخارجية .

التوابع : هي من أصناف الجن والشياطين من الممكن ان تتبع الإنسان في سلوك واتجاه معين وللتوابع أنواع :-

١- توابع شيطانه تتبع الأنثى فقط وتسمى (تابعة) .
٢- توابع شيطانيه تتبع الرجل والأنثى ويسمى (تابع) .
٣- توابع عشق تتبع الرجل والأنثى في سبيل العشق والشهوة .
٤- توابع سيئة تتبع الإناث في سبيل التخريب والتعطيل .
٥- توابع جنس تتبع الرجل والأنثى لغاية الشهوة لاستخدام الجنس .

أعراض التوابع :

١-   تمنع الحمل .

٢-   تسقط الحمل .

٣-   تشوه الحمل .

٤-   تمنع الزواج .

٥-   تسقط الأجنة .

- أسباب التوابع :

١-   الحسد الشديد .

٢-   السحر .

٣-   الصدمات والخوف الشديد ....

٤-   المس .

٥-   الوهم .

٦-   كثرة الذهاب إلى المعالجين قليلي الخبرة .

٧-   الذهاب إلى العرافين والسحرة ....

٨-   استخدام الطرق غير الشرعية في العبادة .

٩-   تطفل الشياطين على الإنس .

ظهور الإشارات عند الشخص المصاب بالتوابع أثناء القراءة عليه

إشارات التابعة :

١- ظهور حركة متقطعة بالبنصر .

٢- تساقط الدمع من منتصف العين .

٣- إشارة للأسفل وللأعلى بالشاهد تعني تفاوض .

إشارات التابع عن الرجل والأنثى :

١- حركة متقطعة بالشاهد او بالخنصر .

٢- تأرجح الخنصر والبنصر وأحيانا الإبهام .

٣- سقوط الشاهد للأسفل .

٤- انفراج الشاهد و الوسطى وسقوطهما للأسفل .

٥- انفراج الخنصر مقدار خمس درجات مع حركة .

٦- هناك انعكاسات للتوابع تظهر على الشخص المصاب اذا كان مصابا بالسحر او الحسد، لذلك تظهر إشارة الإصابة أولا ومن ثم ظهور التابع.

- توابع عشق .

أثناء القراءة على المصاب يتم انفراج الشاهد للخارج مقدار خمس درجات.

- توابع سيئة .

١- ظهور حركة في الإطراف .

٢- حدوث التشنج في أطراف اليدين مع الضغط على أصابع اليد

٣- دخول ابهام اليد بين الشاهد والوسطى .

٤- حدوث بعض الانفعال للمصاب أثناء رقيته وخاصة عند رش الماء المقروء عليه آيات الرقية .

- توابع الجنس .

١- ظهور التشنج في أطراف اليدين والقدمين .

٢- دخول إبهام اليد بين الوسطى والبنصر .

٣- من الممكن حدوث صرع وإغماء اذا كان الجسد ملبوسا .

علاج الحالات غير الفعلية

درهم وقاية خير من قنطار علاج .

من أهم الأمور العلاجية للشخص المصاب بإصابات غير فعليه عليه ان يتبع التعليمات التالية :-

١- ان يتقي الله في نفسه .

٢- ان يتقرب إلى الله بالطاعات .

٣- على المصاب ان يجتهد على نفسه وان يخرج من الروتين الذي هو فيه .

٤- على المصاب ان يقبل النصيحة التي هي من المعالج ومن الاخرين.

٥- الابتعاد عن السلوك الخاطئ .

٦- ان يقبل كل ما يكتبه الله له في الدنيا .

٧- الاكثار من الاستغفار والتسبيح .

٨- ممارسة أي نوع من الرياضة .

٩- المحافظة على قراءة القران الكريم .

١٠- مطالعة الكتب الإسلامية والعلمية والثقافية .

علاج المس

ومن أهم خطوات علاج المس ما يلي :-

- تشخيص الحالة من قبل المعالج من الجلسة الاولى .
- المحافظة على الصلاة وخاصة جماعة للرجال .
- قراءة سورة البقرة يوميا لمدة احدى وعشرين يوما وعلى جلسة واحدة .
- المحافظة على قراءة السور التالية صباحا ومساءً ثلاث مرات : الفاتحة، أول خمس آيات من سورة البقرة آية الكرسي والآيتان التي بعدها، أخر ثلاث آيات من سورة البقرة، الكافرون الإخلاص، الفلق، الناس .
- الالتزام بمواعيد الجلسات اذا كانت هناك جلسات اخرى .

حكم إبطال السحر بالسحر

كلنا نعلم أن السحر هو عمل يتقرب به إلى الشياطين، وإبطال السحر بالسحر هو عمل سحر آخر كي يبطل السحر الأول، إذاً يبقى السحر كما هو عليه ولكن الأمر يزداد سوءاً لأن السحر الثاني يضاف إليه العهد بين الساحر الانسي وبين شيطان على أن يساعدوا الشخص المسحور بالشفاء ولكن الشياطين سرعان ما تنكث العهد حتى ولو بعد حين.

نجد الشخص عاد كما هو عليه سابقاً وبالإضافة إلى الحرمة الشرعية في هذا العمل كما قال رسول الله صلى الله عليه وسلم : «النشرة من عمل الشيطان» [1].

والنشرة هي التي يحل بها السحر، وتنقسم النشرة إلى قسمين هما :-

١- **النشرة المحرمة** :- وهي التي يتم بها التقرب إلى الشياطين عن طريق ساحر حيث يتم استرضاء الجن والذبح لهم والاستعانة بهم والتذلل إليهم عن طريق المحرمات بشتى أنواعها، وبالتالي نهى الرسول صلى الله عليه وسلم عن زيارتهم والتعرف عليهم، ومن صدقهم فقد كفر بقول رسول الله صلى الله عليه وسلم : «**من أتى عرافاً أو كاهناً فصدقه بما يقول فقد كفر بما أنزل على محمد**» [2].

٢- **النشرة الشرعية** :- وهي مجموعة من آيات من القرآن الكريم ويضاف إلى الآيات الأدعية الواردة، والنشرة الشرعية هي الحل الوحيد لفك السحر وطرد الجن المتلبس بالجسد والشفاء التام من العين والحسد والحالات النفسية وغيرها من الحالات المرضية على شرط أن لا يدخل معها أي شيء من الحجب والتمائم والألفاظ التي تخرج عن منهج الكتاب والسنة

وكما ذكرنا في هذا الكتاب، عندما سحر الرسول صلى الله عليه وسلم من قبل اليهود فنزل سيدنا جبريل عليه السلام ورقاه بالمعوذتين الفلق والناس وقام الرسول صلى الله عليه وسلم من مقامه وكأنه لم يحدث له شيء فإن دل ذلك دل على أن القرآن الكريم هو خير دواء لأكبر داء فهو مبطل السحر حتى لو كان من أعظم أنواع السحر فالسحر

---

(١) رواه أحمد وأبو داود.
(٢) رواه مسلم.

يدخل به الخبائث وأن الله لا يقبل إلا الطيب فجلت قدرته عندما قال : (إِنَّ اللَّهَ سَيُبْطِلُهُ إِنَّ اللَّهَ لَا يُصْلِحُ عَمَلَ الْمُفْسِدِينَ) [1].

فعندما ذكر الله سبحانه وتعالى على أنه يبطل السحر وأن الله يدمر أعمال المفسدين ويهدم مساعيهم ويخزيهم في الدنيا والآخرة فقوله حق فمن اتبع الحق فلا خوفٌ عليه . و الله قريب من العبد ما دام العبد قريبا من الله .

بالنسبة لصرع الجن للإنسان أثناء القراءة

١- إذا تم الصرع للإنسان عن طريق الجن فإن العينين تكون مغلقتين تماماً .

٢- تكون أطراف الأيدي والأرجل في حالة تشنج .

٣- الجن يتأثر في التلاوة والأذان حتى لو كان من مردة الجن والشياطين .

ملاحظة : حول إصابة الجن للإنسان، إذا كان الجن ماس الجسد فإن للجن مسببات كثيرة على تعطيل أجهزة الإنسان مثل : ضرب العصب - ضمور في العضلة مما ينتج إلى خلل واضح في القدرة على الحركة إلاّ إذا تم الصرف عن جسم الإنسان ويتم علاج الحالة بإذن الله .

علامات تعرف بها المشعوذين

هناك كثير من العلامات التي تدل على المشعوذين و العرافين و الفتاحين من أهمها :

١- أخذ اسم المراد علاجه واسم أمه .

---

(١) سورة يونس آية (٨١).

٢- أخذ شيء من أثره .

٣- عمل له شيء من الأوراق والحجب والعقد .

٤- يوصف له نوع من البخور كي يتبخر به .

٥- يعطي له أوراقا بطلاسم معينه يتبخر بها .

٦- يأمره بالاختلاء (الخلوة) لمده يحددها المشعوذ وقراءة أوراد معينه .

٧- دفن شيء معين من الأوراق أو من أثره أمام بيته، وغيرها مـن أمـور شركيـه بـل كفريـة والعياذ بالله .

النطق بالإيحاء

- الجن يوحي إلى الشخص فيكون التأثير .

- النطق بالتأثير هو غير نطق القرين ولكن تكون السيطرة على القرين نتيجة السيطرة الخارجية على (القرين) فيكون الإنسان متأثر بسبب الضغط الزائد على القرين فيصبح ظاهر على قرين الإنسان مما يؤدي إلى النطق وهو ما نسميه (النطق بالتأثير) .

- النطق في حالة التلبس الكلي فيكون الجني قائم على الجسد وعلى الأطراف فيحدث النطق الفعلي، (وهو الكلام الخارج من الجني) .

الازدواجية في الإصابة

والمقصود في الازدواجية هي تعدد الإصابة أكثر من مرة :

١: ازدواجية في السحر، أي أن الإنسان يكون مصاب مرتين في السحر .

٢: ازدواجية في الحسد، أي أن الانسان يكون مصاب مرتين في الحسد وهكذا.

٣: وهناك اصابات فعلية وغير فعلية تكون موجودة عند المصاب مثل : حسد وسحر او سحر ومس او مس وسيطرة قرين او حسد وحالة نفسية او سحر وعهد وهكذا .

نصيحة هامة جدا :-

أقدم هذه النصيحة إلى كل من :-

أولا- لكل معالج بالقرآن الكريم .

ثانيا- لكل معالج بغير القرآن الكريم .

ثالثا- المجتمع (وهو العنصر الاساسي) .

لكل معالج يعالج بالقرآن الكريم .

أخي المعالج الكريم إن حفظ القرآن الكريم والالتزام به فريضة قد فرضها الله على عباده وجميع خلقه إن قراءة القرآن على شخص مريض جائز ولا يوجد به أي مخالفة شرعية ولكن قراءة القرآن دون علم ولا تدبر لا تكفي في إتمام العلاج بل تكون محاسبا عليه بسبب عدم العلم في امور العلاج والرقية الشرعية ، إن هناك عددا كبيرا من المعالجين الذين يفتحون منازلهم للعلاج بالقران الكريم ولا يوجد عندهم خبرة كافية في أمور العلاج والتشخيص الا انه يحفظ مجموعة من سورة القران الكريم فقط، فالعلاج يحتاج إلى فراسة ومعرفة جيدة لان ليست كل إصابة هي سحر أو مس، فالعلم والمعرفة وجبت على كل إنسان، خوفاً من

ان يقع في المتاهات، لأن ذلك محاسب عليه يوم القيامة وخاصة إذا قدمت بأي معلومة أو أي تشخيص خاطئ فأنت محاسب بذلك، فلا ترمي نفسك في الهلاك، فأمر العلاج أمر دقيق جداً وخاصة حالة التشخيص، تخيل لو كنت أنت المصاب وذهبت إلى هذا وذاك ولم تستفد من العلاج ماذا يحصل معك ؟ .

فإذا كنت لا تستطيع تحمل المسؤولية أمام الله أولا والناس ثانيا فاترك هذا الأمر للمتمكنين والمتخصصين بذلك حتى لا تكون في موضع الإحراج وعليك ان تصحح طريقة العلاج التي هي لديك وطلب العلم وكيفية العلاج في علوم العلاج بالقران الكريم وبالرقية الشرعية الصحيحة .

لكل معالج يعالج بغير القرآن الكريم (الذي يدعي بالعلاج) .

- الحلال بين والحرام بين وبينهم أمور مشتبهات .

عندما نقول الحلال أي انه واضح وهو الذي شرعه الله بتحليله وبينه للناس أجمعين، والحرام هو الذي حرمه الله بتحريمه .

وكما ذكرت أن العلاج بالقرآن الكريم وارد في السنة النبوية الشريفة فهو حلال ولا بأس به، ولكن المعالجين بغير القرآن الكريم مثل علاجهم لبعض الحالات باستخدام الجن والشياطين هذا لا يقره الشرع لأن الله طيب لا يحب إلا الطيب والشيطان خبيث، فكيف يقدم العلاج للناس وهذا العلاج به كل المصائب لان العلاج والذين يعتقدون به هو مرض وبلاء ووباء لان هناك عنصرا غير مرغوب به قد دخل في هذا الأمر الا وهو التعامل غير الشرعي وهم (الجن والشياطين) .

إن العلاج والطرق المستخدمة في العلاج غير الصحيحة وغير وارده في الكتاب والسنة، فهي محرمة تحريماً قطعياً، لذلك فإن صاحبها يعاقب على ذلك .

العلاج بالقرآن الكريم من غير علم يحاسب عليه القائم عليه، وهو القرآن والأدعية ما بالك أيها المعالج بغير القرآن الكريم ما هو عقابك في الدنيا والآخرة، فإنني أنصح كل المعالجين الذين يدعون على انفسهم بأنهم معالجون والذين يسيرون وراء خداع الشيطان أن يبتعدوا عن هذا الطريق المظلم وهم يعتقدون كل الاعتقاد بأنهم يعالجون الإصابات وهم في غفلة لا يريدون من ذلك إلا كسب المال من الآخرين، فيجب عليك أن تتجنب مثل هذه الأمور حتى لا يكون هناك أي نوع من أنواع الشرك وتذكر دائماً هذا القول (إن الدنيا لا تغني عن الآخرة) وتب إلى الله توبة نصوحا قبل فوات الأوان .

العنصر الأساسي ألا وهو (المجتمع) .

المجتمع هو العنصر الأساسي في أي مجال خلقه الله سبحانه وتعالى في هذه الحياة، فالمجتمع الواعي والمثقف هو الذي يدرك الخطأ من الصواب، إن الله قد خلق الإنسان بكامل قواه العقلية فالعقل هو الأداة للتفكير والتمييز فهناك كثير من الناس يعتقدون بأن المشعوذين والعرافين يعالجون ويعلمون الغيب ويكشفون على كل شيء وهم يتبعونهم ويترددون عليهم كثيراً، لأنهم يسمعون الكلام الذي يفرح القلوب كما يعتقدون ذلك، فمثلا يقول بعض العرافين لشخص ما إنك ستذهب إلى دول الخليج للعمل وستحصل على تأشيرة، وسوف تنهال عليك النقود بكثرة وغيره من هذا الكلام الذي يجلب الكذب والخداع والدجل والتزييف وغيره، ولصاحبه الفرحة والتصديق به .

إنني أقدم هذه النصيحة لأخي المسلم ... وأختي المسلمة، إن موضوع العلاج ليست بهذه السهولة لأن التشخيص غير السليم سبب كثيراً من المتاعب، فالعلاج يشترط أن يكون بالقرآن الكريم والأدعية ولا يجوز العلاج بغير ذلك، لا تجعل نفسك في مأزق الفتن والمحرمات، وزيارة العرافين محرمة شرعاً وان زيارتهم وسؤالهم عن أمر معين لن تقبل له صلاة أربعين ليلة كما قال صلى الله عليه وسلم «**من أتى عرافاً أو كاهناً فصدقه بما يقول فقد كفر بما أنزل على محمد**» «**من أتى عرافا او كاهنا فسأله عن شيء لن تقبل له صلاة أربعين ليلة**»[1].

إن الدواء موجود ألا وهو القرآن الكريم لقوله تعالى: (ويشفي صدور قوم مؤمنين) وهو الشافي لجميع الأمراض والعلل، وهل يكون مع الله أحداً، وكيف تبرر نفسك أمام الله، وهل من مبرر يومئذ فعليك أن تراجع نفسك وأن تكون حازماً وعازما على ترك المعاصي وأن تكون دائماً محتسباً لله وأن لا تسير وراء الشرك والدجل وأهواء الشياطين ومن تعامل معهم وتذكر دائما ان الضلال والشرك وراءه شيطان، فالحذر كل الحذر من طريق الظلمات وكن مدركاً على كل خطوة تخطوها أو مجرد التفكير بها.

(١) صحيح مسلم.

آيات الرقية - وآيات الشفاء

هذه الآيات التي تقرأ على الشخص المصاب وهي ما تسمى بآيات (الشفاء) وأيضاً تقرأ بمثابة تحصين وهناك من الطرق التي تقراء فيها على ماء شرب واغتسال بينة الشفاء وهي كما يلي:-

بِسْمِ اللَّهِ الرَّحْمَنِ الرَّحِيمِ

- (الْحَمْدُ لِلَّهِ رَبِّ الْعَالَمِينَ (٢) الرَّحْمَنِ الرَّحِيمِ (٣) مَالِكِ يَوْمِ الدِّينِ (٤) إِيَّاكَ نَعْبُدُ وَإِيَّاكَ نَسْتَعِينُ (٥) اهْدِنَا الصِّرَاطَ الْمُسْتَقِيمَ (٦) صِرَاطَ الَّذِينَ أَنْعَمْتَ عَلَيْهِمْ غَيْرِ الْمَغْضُوبِ عَلَيْهِمْ وَلَا الضَّالِّينَ (٧))[1].
- (الم (١) ذَلِكَ الْكِتَابُ لَا رَيْبَ فِيهِ هُدًى لِلْمُتَّقِينَ (٢) الَّذِينَ يُؤْمِنُونَ بِالْغَيْبِ وَيُقِيمُونَ الصَّلَاةَ وَمِمَّا رَزَقْنَاهُمْ يُنْفِقُونَ (٣) وَالَّذِينَ يُؤْمِنُونَ بِمَا أُنْزِلَ إِلَيْكَ وَمَا أُنْزِلَ مِنْ قَبْلِكَ وَبِالْآخِرَةِ هُمْ يُوقِنُونَ (٤) أُولَئِكَ عَلَى هُدًى مِنْ رَبِّهِمْ وَأُولَئِكَ هُمُ الْمُفْلِحُونَ)[2]
- (إِنَّ فِي خَلْقِ السَّمَاوَاتِ وَالْأَرْضِ وَاخْتِلَافِ اللَّيْلِ وَالنَّهَارِ وَالْفُلْكِ الَّتِي تَجْرِي فِي الْبَحْرِ بِمَا يَنْفَعُ النَّاسَ وَمَا أَنْزَلَ اللَّهُ مِنَ السَّمَاءِ مِنْ مَاءٍ فَأَحْيَا بِهِ الْأَرْضَ بَعْدَ مَوْتِهَا وَبَثَّ فِيهَا مِنْ كُلِّ دَابَّةٍ وَتَصْرِيفِ الرِّيَاحِ وَالسَّحَابِ الْمُسَخَّرِ بَيْنَ السَّمَاءِ وَالْأَرْضِ لَآيَاتٍ لِقَوْمٍ يَعْقِلُونَ)[3] .

---

(١) سورة الفاتحة .
(٢) سورة البقرة آية (١-٥).
(٣) سورة البقرة آية (١٦٣).

- ﴿اللَّهُ لَا إِلَهَ إِلَّا هُوَ الْحَيُّ الْقَيُّومُ لَا تَأْخُذُهُ سِنَةٌ وَلَا نَوْمٌ لَهُ مَا فِي السَّمَاوَاتِ وَمَا فِي الْأَرْضِ مَنْ ذَا الَّذِي يَشْفَعُ عِنْدَهُ إِلَّا بِإِذْنِهِ يَعْلَمُ مَا بَيْنَ أَيْدِيهِمْ وَمَا خَلْفَهُمْ وَلَا يُحِيطُونَ بِشَيْءٍ مِنْ عِلْمِهِ إِلَّا بِمَا شَاءَ وَسِعَ كُرْسِيُّهُ السَّمَاوَاتِ وَالْأَرْضَ وَلَا يَئُودُهُ حِفْظُهُمَا وَهُوَ الْعَلِيُّ الْعَظِيمُ (٢٥٥) لَا إِكْرَاهَ فِي الدِّينِ قَدْ تَبَيَّنَ الرُّشْدُ مِنَ الْغَيِّ فَمَنْ يَكْفُرْ بِالطَّاغُوتِ وَيُؤْمِنْ بِاللَّهِ فَقَدِ اسْتَمْسَكَ بِالْعُرْوَةِ الْوُثْقَى لَا انْفِصَامَ لَهَا وَاللَّهُ سَمِيعٌ عَلِيمٌ (٢٥٦) اللَّهُ وَلِيُّ الَّذِينَ آمَنُوا يُخْرِجُهُمْ مِنَ الظُّلُمَاتِ إِلَى النُّورِ وَالَّذِينَ كَفَرُوا أَوْلِيَاؤُهُمُ الطَّاغُوتُ يُخْرِجُونَهُمْ مِنَ النُّورِ إِلَى الظُّلُمَاتِ أُولَئِكَ أَصْحَابُ النَّارِ هُمْ فِيهَا خَالِدُونَ﴾[١]

- ﴿آمَنَ الرَّسُولُ بِمَا أُنْزِلَ إِلَيْهِ مِنْ رَبِّهِ وَالْمُؤْمِنُونَ كُلٌّ آمَنَ بِاللَّهِ وَمَلَائِكَتِهِ وَكُتُبِهِ وَرُسُلِهِ لَا نُفَرِّقُ بَيْنَ أَحَدٍ مِنْ رُسُلِهِ وَقَالُوا سَمِعْنَا وَأَطَعْنَا غُفْرَانَكَ رَبَّنَا وَإِلَيْكَ الْمَصِيرُ (٢٨٥) لَا يُكَلِّفُ اللَّهُ نَفْسًا إِلَّا وُسْعَهَا لَهَا مَا كَسَبَتْ وَعَلَيْهَا مَا اكْتَسَبَتْ رَبَّنَا لَا تُؤَاخِذْنَا إِنْ نَسِينَا أَوْ أَخْطَأْنَا رَبَّنَا وَلَا تَحْمِلْ عَلَيْنَا إِصْرًا كَمَا حَمَلْتَهُ عَلَى الَّذِينَ مِنْ قَبْلِنَا رَبَّنَا وَلَا تُحَمِّلْنَا مَا لَا طَاقَةَ لَنَا بِهِ وَاعْفُ عَنَّا وَاغْفِرْ لَنَا وَارْحَمْنَا أَنْتَ مَوْلَانَا فَانْصُرْنَا عَلَى الْقَوْمِ الْكَافِرِينَ﴾[٢]

(١) سورة البقرة آية (٢٥٥-٢٥٧).
(٢) سورة البقرة آية (٢٨٥-٢٨٦).

- ﴿الم (١) اللَّهُ لَا إِلَهَ إِلَّا هُوَ الْحَيُّ الْقَيُّومُ (٢) نَزَّلَ عَلَيْكَ الْكِتَابَ بِالْحَقِّ مُصَدِّقًا لِمَا بَيْنَ يَدَيْهِ وَأَنْزَلَ التَّوْرَاةَ وَالْإِنْجِيلَ (٣) مِنْ قَبْلُ هُدًى لِلنَّاسِ وَأَنْزَلَ الْفُرْقَانَ إِنَّ الَّذِينَ كَفَرُوا بِآيَاتِ اللَّهِ لَهُمْ عَذَابٌ شَدِيدٌ وَاللَّهُ عَزِيزٌ ذُو انْتِقَامٍ (٤) إِنَّ اللَّهَ لَا يَخْفَى عَلَيْهِ شَيْءٌ فِي الْأَرْضِ وَلَا فِي السَّمَاءِ﴾[١]

- ﴿قُلِ اللَّهُمَّ مَالِكَ الْمُلْكِ تُؤْتِي الْمُلْكَ مَنْ تَشَاءُ وَتَنْزِعُ الْمُلْكَ مِمَّنْ تَشَاءُ وَتُعِزُّ مَنْ تَشَاءُ وَتُذِلُّ مَنْ تَشَاءُ بِيَدِكَ الْخَيْرُ إِنَّكَ عَلَى كُلِّ شَيْءٍ قَدِيرٌ (٢٦) تُولِجُ اللَّيْلَ فِي النَّهَارِ وَتُولِجُ النَّهَارَ فِي اللَّيْلِ وَتُخْرِجُ الْحَيَّ مِنَ الْمَيِّتِ وَتُخْرِجُ الْمَيِّتَ مِنَ الْحَيِّ وَتَرْزُقُ مَنْ تَشَاءُ بِغَيْاحزابرِ حِسَابٍ﴾[٢]

- ﴿إِنَّ رَبَّكُمُ اللَّهُ الَّذِي خَلَقَ السَّمَاوَاتِ وَالْأَرْضَ فِي سِتَّةِ أَيَّامٍ ثُمَّ اسْتَوَى عَلَى الْعَرْشِ يُغْشِي اللَّيْلَ النَّهَارَ يَطْلُبُهُ حَثِيثًا وَالشَّمْسَ وَالْقَمَرَ وَالنُّجُومَ مُسَخَّرَاتٍ بِأَمْرِهِ أَلَا لَهُ الْخَلْقُ وَالْأَمْرُ تَبَارَكَ اللَّهُ رَبُّ الْعَالَمِينَ (٥٤) ادْعُوا رَبَّكُمْ تَضَرُّعًا وَخُفْيَةً إِنَّهُ لَا يُحِبُّ الْمُعْتَدِينَ (٥٥) وَلَا تُفْسِدُوا فِي الْأَرْضِ بَعْدَ إِصْلَاحِهَا وَادْعُوهُ خَوْفًا وَطَمَعًا إِنَّ رَحْمَةَ اللَّهِ قَرِيبٌ مِنَ الْمُحْسِنِينَ﴾[٣]

- ﴿لَوْ أَنْزَلْنَا هَذَا الْقُرْآنَ عَلَى جَبَلٍ لَرَأَيْتَهُ خَاشِعًا مُتَصَدِّعًا مِنْ خَشْيَةِ اللَّهِ وَتِلْكَ الْأَمْثَالُ نَضْرِبُهَا لِلنَّاسِ لَعَلَّهُمْ يَتَفَكَّرُونَ (٢١) هُوَ اللَّهُ الَّذِي لَا إِلَهَ

---

(١) سورة آل عمران آية (١-٤).
(٢) سورة آل عمران آية (٢٦-٢٧).
(٣) سورة الأعراف آية (٥٤-٥٦).

إِلَّا هُوَ عَالِمُ الْغَيْبِ وَالشَّهَادَةِ هُوَ الرَّحْمَنُ الرَّحِيمُ (٢٢) هُوَ اللَّهُ الَّذِي لَا إِلَهَ إِلَّا هُوَ الْمَلِكُ الْقُدُّوسُ السَّلَامُ الْمُؤْمِنُ الْمُهَيْمِنُ الْعَزِيزُ الْجَبَّارُ الْمُتَكَبِّرُ سُبْحَانَ اللَّهِ عَمَّا يُشْرِكُونَ (٢٣) هُوَ اللَّهُ الْخَالِقُ الْبَارِئُ الْمُصَوِّرُ لَهُ الْأَسْمَاءُ الْحُسْنَى يُسَبِّحُ لَهُ مَا فِي السَّمَاوَاتِ وَالْأَرْضِ وَهُوَ الْعَزِيزُ الْحَكِيمُ) [١]

- (فَارْجِعِ الْبَصَرَ هَلْ تَرَى مِنْ فُطُورٍ (٣) ثُمَّ ارْجِعِ الْبَصَرَ كَرَّتَيْنِ يَنْقَلِبْ إِلَيْكَ الْبَصَرُ خَاسِئًا وَهُوَ حَسِيرٌ) [٢]

- (وَأَوْحَيْنَا إِلَى مُوسَى أَنْ أَلْقِ عَصَاكَ فَإِذَا هِيَ تَلْقَفُ مَا يَأْفِكُونَ (١١٧) فَوَقَعَ الْحَقُّ وَبَطَلَ مَا كَانُوا يَعْمَلُونَ (١١٨) فَغُلِبُوا هُنَالِكَ وَانْقَلَبُوا صَاغِرِينَ) [٣]

- (وَقَالَ فِرْعَوْنُ ائْتُونِي بِكُلِّ سَاحِرٍ عَلِيمٍ (٧٩) فَلَمَّا جَاءَ السَّحَرَةُ قَالَ لَهُمْ مُوسَى أَلْقُوا مَا أَنْتُمْ مُلْقُونَ (٨٠) فَلَمَّا أَلْقَوْا قَالَ مُوسَى مَا جِئْتُمْ بِهِ السِّحْرُ إِنَّ اللَّهَ سَيُبْطِلُهُ إِنَّ اللَّهَ لَا يُصْلِحُ عَمَلَ الْمُفْسِدِينَ (٨١) وَيُحِقُّ اللَّهُ الْحَقَّ بِكَلِمَاتِهِ وَلَوْ كَرِهَ الْمُجْرِمُونَ) [٤]

- (قَالُوا يَا مُوسَى إِمَّا أَنْ تُلْقِيَ وَإِمَّا أَنْ نَكُونَ أَوَّلَ مَنْ أَلْقَى (٦٥) قَالَ بَلْ أَلْقُوا فَإِذَا حِبَالُهُمْ وَعِصِيُّهُمْ يُخَيَّلُ إِلَيْهِ مِنْ سِحْرِهِمْ أَنَّهَا تَسْعَى (٦٦) فَأَوْجَسَ فِي نَفْسِهِ خِيفَةً مُوسَى (٦٧) قُلْنَا لَا تَخَفْ إِنَّكَ أَنْتَ الْأَعْلَى (٦٨) وَأَلْقِ مَا فِي يَمِينِكَ تَلْقَفْ مَا صَنَعُوا إِنَّمَا صَنَعُوا كَيْدُ سَاحِرٍ وَلَا يُفْلِحُ السَّاحِرُ حَيْثُ أَتَى) [٥]

---

(١) سورة الحشر آية (٢١-٢٤).
(٢) سورة الملك آية (٣-٤).
(٣) سورة الأعراف آية (١١٧-١١٩).
(٤) سورة طه آية (٦٥-٦٩).
(٥) سورة يونس آية (٧٩).

- (أَفَحَسِبْتُمْ أَنَّمَا خَلَقْنَاكُمْ عَبَثًا وَأَنَّكُمْ إِلَيْنَا لَا تُرْجَعُونَ (١١٥) فَتَعَالَى اللَّهُ الْمَلِكُ الْحَقُّ لَا إِلَهَ إِلَّا هُوَ رَبُّ الْعَرْشِ الْكَرِيمِ (١١٦) وَمَنْ يَدْعُ مَعَ اللَّهِ إِلَهًا آخَرَ لَا بُرْهَانَ لَهُ بِهِ فَإِنَّمَا حِسَابُهُ عِنْدَ رَبِّهِ إِنَّهُ لَا يُفْلِحُ الْكَافِرُونَ (١١٧) وَقُلْ رَبِّ اغْفِرْ وَارْحَمْ وَأَنْتَ خَيْرُ الرَّاحِمِينَ)[١]

- (سَنَفْرُغُ لَكُمْ أَيُّهَا الثَّقَلَانِ (٣١) فَبِأَيِّ آلَاءِ رَبِّكُمَا تُكَذِّبَانِ (٣٢) يَا مَعْشَرَ الْجِنِّ وَالْإِنْسِ إِنِ اسْتَطَعْتُمْ أَنْ تَنْفُذُوا مِنْ أَقْطَارِ السَّمَاوَاتِ وَالْأَرْضِ فَانْفُذُوا لَا تَنْفُذُونَ إِلَّا بِسُلْطَانٍ)[٢]

- (وَالصَّافَّاتِ صَفًّا (١) فَالزَّاجِرَاتِ زَجْرًا (٢) فَالتَّالِيَاتِ ذِكْرًا (٣) إِنَّ إِلَهَكُمْ لَوَاحِدٌ (٤) رَبُّ السَّمَاوَاتِ وَالْأَرْضِ وَمَا بَيْنَهُمَا وَرَبُّ الْمَشَارِقِ (٥) إِنَّا زَيَّنَّا السَّمَاءَ الدُّنْيَا بِزِينَةٍ الْكَوَاكِبِ (٦) وَحِفْظًا مِنْ كُلِّ شَيْطَانٍ مَارِدٍ (٧) لَا يَسَّمَّعُونَ إِلَى الْمَلَإِ الْأَعْلَى وَيُقْذَفُونَ مِنْ كُلِّ جَانِبٍ (٨) دُحُورًا وَلَهُمْ عَذَابٌ وَاصِبٌ (٩) إِلَّا مَنْ خَطِفَ الْخَطْفَةَ فَأَتْبَعَهُ شِهَابٌ ثَاقِبٌ)[٣]

- (إِنَّمَا الْمَسِيحُ عِيسَى ابْنُ مَرْيَمَ رَسُولُ اللَّهِ وَكَلِمَتُهُ أَلْقَاهَا إِلَى مَرْيَمَ وَرُوحٌ مِنْهُ فَآمِنُوا بِاللَّهِ وَرُسُلِهِ وَلَا تَقُولُوا ثَلَاثَةٌ انْتَهُوا خَيْرًا لَكُمْ إِنَّمَا اللَّهُ إِلَهٌ وَاحِدٌ سُبْحَانَهُ أَنْ يَكُونَ لَهُ وَلَدٌ لَهُ مَا فِي السَّمَاوَاتِ وَمَا فِي الْأَرْضِ وَكَفَى بِاللَّهِ وَكِيلًا (١٧١) لَنْ يَسْتَنْكِفَ الْمَسِيحُ أَنْ يَكُونَ عَبْدًا لِلَّهِ اولَا

---

(١) سورة المؤمنون آية (١١٥-١١٨).
(٢) سورة الرحمن آية (٣١-٣٣).
(٣) سورة الصافات آية (١-٩)

الْمَلَائِكَةُ الْمُقَرَّبُونَ وَمَنْ يَسْتَنْكِفْ عَنْ عِبَادَتِهِ وَيَسْتَكْبِرْ فَسَيَحْشُرُهُمْ إِلَيْهِ جَمِيعًا (١٧٢) فَأَمَّا الَّذِينَ آَمَنُوا وَعَمِلُوا الصَّالِحَاتِ فَيُوَفِّيهِمْ أُجُورَهُمْ وَيَزِيدُهُمْ مِنْ فَضْلِهِ وَأَمَّا الَّذِينَ اسْتَنْكَفُوا وَاسْتَكْبَرُوا فَيُعَذِّبُهُمْ عَذَابًا أَلِيمًا وَلَا يَجِدُونَ لَهُمْ مِنْ دُونِ اللهِ وَلِيًّا وَلَا نَصِيرًا) [١]

- (إِنَّمَا جَزَاءُ الَّذِينَ يُحَارِبُونَ اللهَ وَرَسُولَهُ وَيَسْعَوْنَ فِي الْأَرْضِ فَسَادًا أَنْ يُقَتَّلُوا أَوْ يُصَلَّبُوا أَوْ تُقَطَّعَ أَيْدِيهِمْ وَأَرْجُلُهُمْ مِنْ خِلَافٍ أَوْ يُنْفَوْا مِنَ الْأَرْضِ ذَلِكَ لَهُمْ خِزْيٌ فِي الدُّنْيَا وَلَهُمْ فِي الْآَخِرَةِ عَذَابٌ عَظِيمٌ (٣٣) إِلَّا الَّذِينَ تَابُوا مِنْ قَبْلِ أَنْ تَقْدِرُوا عَلَيْهِمْ فَاعْلَمُوا أَنَّ اللهَ غَفُورٌ رَحِيمٌ) [٢]
- (قُلِ ادْعُوا اللهَ أَوِ ادْعُوا الرَّحْمَنَ أَيًّا مَا تَدْعُوا فَلَهُ الْأَسْمَاءُ الْحُسْنَى وَلَا تَجْهَرْ بِصَلَاتِكَ وَلَا تُخَافِتْ بِهَا وَابْتَغِ بَيْنَ ذَلِكَ سَبِيلًا (١١٠) وَقُلِ الْحَمْدُ لِلَّهِ الَّذِي لَمْ يَتَّخِذْ وَلَدًا وَلَمْ يَكُنْ لَهُ شَرِيكٌ فِي الْمُلْكِ وَلَمْ يَكُنْ لَهُ وَلِيٌّ مِنَ الذُّلِّ وَكَبِّرْهُ تَكْبِيرًا) [٣]
- (وَأَرَادُوا بِهِ كَيْدًا فَجَعَلْنَاهُمُ الْأَخْسَرِينَ) [٤]
- (إِذْ يُوحِي رَبُّكَ إِلَى الْمَلَائِكَةِ أَنِّي مَعَكُمْ فَثَبِّتُوا الَّذِينَ آَمَنُوا سَأُلْقِي فِي قُلُوبِ الَّذِينَ كَفَرُوا الرُّعْبَ فَاضْرِبُوا فَوْقَ الْأَعْنَاقِ وَاضْرِبُوا مِنْهُمْ كُلَّ بَنَانٍ) [٥]

---

(١) سورة النساء آية (١٧١-١٧٣).
(٢) سورة المائدة آية (٣٣-٣٤).
(٣) سورة الإسراء آية (١١٠-١١).
(٤) سورة الأنبياء آية (٧١).
(٥) سورة الأنفال آية ١٢.

- () هَذَانِ خَصْمَانِ اخْتَصَمُوا فِي رَبِّهِمْ فَالَّذِينَ كَفَرُوا قُطِّعَتْ لَهُمْ ثِيَابٌ مِنْ نَارٍ يُصَبُّ مِنْ فَوْقِ رُءُوسِهِمُ الْحَمِيمُ (١٩) يُصْهَرُ بِهِ مَا فِي بُطُونِهِمْ وَالْجُلُودُ (٢٠) وَلَهُمْ مَقَامِعُ مِنْ حَدِيدٍ (٢١) كُلَّمَا أَرَادُوا أَنْ يَخْرُجُوا مِنْهَا مِنْ غَمٍّ أُعِيدُوا فِيهَا وَذُوقُوا عَذَابَ الْحَرِيقِ)[١]

- (وَالَّذِينَ كَفَرُوا أَعْمَالُهُمْ كَسَرَابٍ بِقِيعَةٍ يَحْسَبُهُ الظَّمْآنُ مَاءً حَتَّى إِذَا جَاءَهُ لَمْ يَجِدْهُ شَيْئًا وَوَجَدَ اللَّهَ عِنْدَهُ فَوَفَّاهُ حِسَابَهُ وَاللَّهُ سَرِيعُ الْحِسَابِ)[٢]

بسم الله الرحمن الرحيم

(قُلْ هُوَ اللَّهُ أَحَدٌ (١) اللَّهُ الصَّمَدُ (٢) لَمْ يَلِدْ وَلَمْ يُولَدْ (٣) وَلَمْ يَكُنْ لَهُ كُفُوًا أَحَدٌ (٤)
)[٣]

بسم الله الرحمن الرحيم

(قُلْ أَعُوذُ بِرَبِّ الْفَلَقِ (١) مِنْ شَرِّ مَا خَلَقَ (٢) وَمِنْ شَرِّ غَاسِقٍ إِذَا وَقَبَ (٣) وَمِنْ شَرِّ النَّفَّاثَاتِ فِي الْعُقَدِ (٤) وَمِنْ شَرِّ حَاسِدٍ إِذَا حَسَدَ (٥)
)[٤]

بسم الله الرحمن الرحيم

(بِرَبِّ النَّاسِ (١) مَلِكِ النَّاسِ (٢) إِلَهِ النَّاسِ (٣) مِنْ شَرِّ الْوَسْوَاسِ الْخَنَّاسِ (٤) الَّذِي يُوَسْوِسُ فِي صُدُورِ النَّاسِ (٥) مِنَ الْجِنَّةِ وَالنَّاسِ (٦))[٥]

---

(١) سورة الحج آية (١٩-٢١).
(٢) سورة النور آية (٣٩).
(٣) سورة الإخلاص .
(٤) سورة الفلق.
(٥) سورة الناس.

(محرمات استهان بها الناس)

الاعتقاد في تأثير النجوم و الكواكب في الحوادث و حياة الناس و الاعتقاد بالسحر و التمائم

عن زيد بن خالد الجهني قال : صلى بنا رسول الله - صلى الله عليه و سلم - صلاة الصبح بالحديبية - على أثر سماء كانت من الليلة فلما انصرف أقبل على الناس فقال : «هل تدرون ماذا قال ربكم» قالوا الله ورسوله أعلم. قال: «**أصبح من عبادي مؤمن بي وكافر، فأما من قال مطرنا بفضل الله ورحمته فذلك مؤمن بي وكافر بالكواكب، وأما من قال كذا وكذا فهو كافر بي و مؤمن بالكواكب**» وان الذين يطلعون إلى أبراج الحظ في الجرائد و المجلات فإن أعتقد ما فيها من أثر النجوم والأفلاك فهو مشرك، واذا قرأها للتسليه فهو عاصي آثم لأنه لا يجوز التسلية بقراءة الشرك بالإضافة إلى ما يلقي الشيطان في نفسه من الاعتقاد بها فتكون وسيله للشرك فيدخل عليه الشيطان من هذا الباب .

ومن الشرك اعتقاد النفع في أشياء لم يجعلها الخالق كذلك كما يعتقد بعضهم في التمائم، و العزائم الشركية و أنواع من الحرز أو الودع أو الحلق المعدنية و غيرها، بناء على إشارة الكاهن أو الساحر أو اعتقاد متوارث، فيعلقونها في رقابهم أو على أولادهم لدفع العين بزعمهم أو يربطونها على أجسادهم أو يعلقونها في سياراتهم و بيوتهم أو يلبسون الخواتم بأنواعها من الفصوص يعتقدون فيها أموراً معينه من رفع البلاء أو دفعه وهذا لا شك ينافي التوكل على الله و لا يزيد الإنسان إلا وهنا من التداوي بالحرام، لأن ذلك شرك بالله و استغاثة بالجن والشياطين فهي محرمة تحريما شرعيا ولا يوجد بها الشفاء كما يعتقد بها كثير من الناس .

باب ما جاء في الرقية والتمائم

في الصحيح عن أبي بشير الأنصاري رضي الله عنه، أنه كان مع رسول الله صلى الله عليه وسلم في بعض أسفاره، فأرسل رسولاً: على أن لا يبقين في رقبة بعير قلادة إلا قطعت) وعن أبن مسعود رضي الله عنه، قال سمعت رسول الله صلى الله عليه وسلم يقول «**إن الرقى والتمائم والتولة شرك**»(١) : «**من علق شيئاً، وكل إليه**»(٢) .

التمائم :- شيء يعلق على الأولاد يتقون به من العين والجن كما يعتقدون، والاعتقاد به على انه ينفع فهو شرك بالله، والمقصود بالشرك هو ان الانسان جعل مع الله شريكا بالاعتقاد بان التمائم تحمي من العين والحسد والسحر وغيره ونسي ان النافع والضار هو الله وحده، فالاعتقاد به شرك، وحمله شرك أيضا .

والتوله :- هي شيء يصنعونه ويزعمون أنه يحبب المرأة إلى زوجها والرجل إلى زوجته .

وعن سعيد بن جبير، قال: (من قطع تميمة من إنسان، كان كعدل رقبة)(٣)

الحجب والتمائم والعقد

إن الحجب والتمائم والمعلقات وغيرها من شركيات نجدها عند كثير من الناس وهم يعتقدون كل الاعتقاد أنها تحمي الشخص من المخاطر والشر ومن الحسد ومن السحر ومن المس وغيرها، ولكن ما هي هذه التمائم ؟

---

(١) رواه أحمد وأبو داود.

(٢) رواه الترمذي.

(٣) رواه وكيع.

تنقسم التمائم إلى عدة أقسام :-

١- **التمائم الشركية :-** وهي التي تكون بها استعانة بغير اللــه والاستعانة بالـشياطين والجـن وغيرهم، وهذه محرمة شرعاً في جميع الحالات لأنها دلت على الشرك الـصريح وبها الاذى

.

٢- **حجب وتمائم بالقرآن الكريم :-** هناك كثير مـن الـذين يـدعون انهـم معالجـون يقومـون بكتابة بعض الآيات القرآنية وهي بمثابة حجاب للمـصاب كي يعلقهـا في بيتـه أو يحملها معـه كي تحميه من السحر أو المس ومن الشر ومن العين ولكن ما هي النتيجـة في نهايـة الأمر ؟ هل ينجح في ابعاد المخاطر عنه وكيف يستطيع ذلك واذا كتب اللـه لـه في كتابـه على انه سوف يحدث معـه كـذا وكـذا في الـدنيا هـل يـستطيع مخالفـة اوامـر اللــه او يتعداها ؟ .

٣- **العقد والودع :-** العقد هي كل شيء يعقد وينفث به وهذا النوع من أنـواع الـسحر الـذي يوكل به الجن والـشياطين، كي ينفـذ مهتمـه قـالى تعـالى (ومـن شر النفاثـات في العقـد) والودع هي الخرز الأزرق الذين يعلقونه على الأطفال كي تحميهم مـن العـين ومن المـس وغيره وهناك اعتقاد عند كثير من الناس وخاصة القدامى يقولون أن اللون الأزرق يـؤذي الشيطان فيبعده ويطرد عنه العين والحسد ولكن هذا الأمر شرك بالله ومنه البدع الـضالة

.

التمائم الشركية وغير الشركية والحجب القرآنية

إن التمائم هي من أنواع الطلاسم الكفرية غير مفهومة وهي كتابات توسل للشياطين على قضاء بعض الحاجات مثل حفظهم من العين أو السحر أو المس وهي منهي عنها جميعاً حيث نهى الرسول صلى الله عليه وسلم عن كل شيء يقود إلى الشرك والكفر، فالتمائم هي شرك بالله، والأمر الآخر هو الحجاب الذي يكتب بالقرآن الكريم فهو أيضاً حجاب وهو من أنواع البدع لأن ذلك لم يرد عن الرسول صلى الله عليه وسلم .

وكما قال صلى الله عليه وسلم «**إن الرقى والتمائم والتوله شرك**» .

وقال صلى الله عليه وسلم «**من علق تميمة فلا أتم الله له ومن علق ودعة فلا اودع الله له قلباً**» [1].

الخلاصة :-

نستنتج من ذلك أن التمائم والعقد والحجب هي أمور شركية لا يجوز حملها أو تعليقها أو حتى الاعتقاد بها لان النافع والضار هو الله وحده فمن هنا يجب على كل مسلم أن يقلع عن هذه الأمور التي هي سبب إضلال الناس ودخولهم الشرك وهم لا يعلمون شيئا، فقراءة القرآن والإكثار من الأدعية هي خير علاج من كل داء فالتقرب إلى الله هي الوسيلة المثالية للاستجابة كما قال تعالى () وَإِذَا سَأَلَكَ عِبَادِي عَنِّي فَإِنِّي قَرِيبٌ أُجِيبُ دَعْوَةَ الدَّاعِ إِذَا دَعَانِ فَلْيَسْتَجِيبُوا لِي وَلْيُؤْمِنُوا بِي لَعَلَّهُمْ يَرْشُدُونَ) [2].

(١) رواه مسلم

(٢) سورة البقرة آية (١٨٦).

فالدعاء والصلاة هي الأقرب إلى اللـه من التمائم والحجب والعقد وغيرها من شركيات فالحذر كل الحذر من ذلك .

الكهنة والعرافين

المعرفة أمر مهم فيجب علينا أن نعلم من هم الكهنة ومن هم العرافين والفتاحين وكيف نبتعد عن هذا الطريق، كما قال صلى الله عليه وسلم في حديثه عن يحي بن عروة بن الزبير عن عائشة قالت : يا رسول اللـه : إن الكهان كانوا يحدثوننا بالشيء فنجده حقاً : قال صلى اللـه عليه وسلم «تلك كذبة الكلمة الحق، يخطفها الجن فيقذفها في إذن وليه و يزيد فيها مائه لذلك نجد أن عملهم باطل وبه الخدع الكثير وهم يتعدون على الحق الإلهي وهو العلم بالغيب فيوهمون الناس أنهم يعلمون ما في الغيب وهم كاذبون لأن الشياطين تلعب في عقولهم و عقول الضعفاء فيصدقون ما يقولون، و لا يعلم الغيب إلا اللـه وبهذا فهم يستعينون بالجن والشياطين لأنهم يسترقون السمع أولا فهم يعلمون بالحدث من السماء قبل وصوله على الأرض، وهو في الحقيقة أن هذا الخبر هو أساساً جاهز وتعلمه الملائكة بعد تصريحه من اللـه، إذاً هذا الحدث بدأ معلوماً للجميع فإذاً كيف يكون غيباً، خلاصة هذا الحديث أن الأمر أو الخبر المنزل من السماء تسترقه الشياطين و تسمعه قبل الإنس بسرعة فائقة فتنزل الشياطين على أوليائها من الكهنة والعرافين فتخبرهم عنه، فيزيد الشيطان على الخبر مائة كذبه حتى يضل الإنسان ويجعله من أصحاب السعير .

إن كثيراً من الناس يقومون بالذهاب إلى الكهنة و العرافين حتى يسألوهم عن أمر ما، فيقوم العراف بالفتح له فيخبره بأنه محجوب له أو مصنوع له عمل

أو مسحور له في الطعام أو الشراب، ما خطر في بالنا أن جميع كلام العرافين كلام واحد و تقرير واحد إذاً من هذا الباب نعرف أنهم كاذبون ومن أخطر هذه الأمور هي العرافة لأنها تعتبر من ادعاء علم الغيب ولا يعلم الغيب إلا الله وحده، ومن مثل هذا الطرق هي طريقة القراءة عن طريق الكف أو الفنجان أو النجوم أو الرمل أو الحصى وغيرها من طرق .

إذاً نستخلص من هذا الباب أن زيارة الكهنة و العرافين محرم شرعاً لأنها تدخل في مجال الإستعانه بغير الله، و يدعون أنهم يستطيعون عمل المعجزات و القدرات الخارقة وعلم الغيبيات وهذا باطل ومحرم .

فعليكم عباد الله أن تتقوا الله في كل مكان و زمان وأن تتقربوا إليه دائماً في السراء و الضراء وادعوه دعوة المضطرين لأن الله لا يخيب من دعاه بكل يقين و لم يذكر إله غيره فهو المجيب و الحسيب و هو خالق كل شيء و مليكه و هو الضار و النافع، فلا يخدعكم هؤلاء العرافون و الفتاحون والذين يعلمون ما في الغيب كما يدعون، لا تجعلوا الشيطان يزين لكم الدنيا ويزين لكم الباطل وتنفروا وراء كلام زائف الذين يدعون أنهم يستخدمون القرآن الكريم في أعمالهم الكفرية والشركية في أعمال السحر والدجل والخدع والتي باتت تنتشر كثيراً، فيجب علينا أن نحارب ذلك صغيرنا قبل كبيرنا فالأمر يتعلق بنا فيجب علينا أن نكون حريصين كل الحرص من ذلك وكثير من الناس انخدعوا من قبل العرافين على أنهم يحضرون لهم الحجاب و السحر في طرق عمياء وملتوية وهم يعتقدون أن هذه الطريقة شرعيه وصحيحة ولا يوجد بها أي مخالفه ولكن لو كنا مدركين من حولنا لوجدناهم مخادعين لكسب المال الذي حرم عليهم لأنه مالٌ حرام، والى متى نبقى مغمضي الأعين وكثيراً من الناس تعرف أن هذا الشيء

محرم شرعاً ولكنه تسوقه قدماه إلى هؤلاء العرافين و عندما تسأله لماذا تذهب إليهم فيجيبك بكل بساطه (الغريق يتعلق بقشه) و لكن هل القشة تحمله في المياه الهائجة، إنني أترك الإجابة لكم كي يكون هذا الكلام عبرة لمن اعتبر، فالعلاج بالقرآن الكريم موجود لا يستطيع أن ينفيه أحد لأن العلاج بالقرآن الكريم امر قد شرعه الله سبحانه وتعالى وهو وارد ايضا في السنه المطهرة، يجب علينا ان نأخذ بها قال تعالى: **(وَمَا آتَاكُمُ الرَّسُولُ فَخُذُوهُ وَمَا نَهَاكُمْ عَنْهُ فَانْتَهُوا)**(١)

كيف تطرد الجن من بيتك

إذا تيقنت فعلاً أن في البيت جنياً او شيطاناً فتكون طريقة إخراجه كالآتي:

١- اذا شعرت بوجود الجن في بيتك تقول (أناشدكم بالعهد الذي أخذه عليكم سليمان أن تخرجوا وترحلوا من بيتنا، أناشدكم الله أن تخرجوا ولا تؤذوا أحداً) وقراءة سورة البقرة مرة واحدة وتقوم بتكرار هذه العملية ثلاث أيام متتالية

١- اذا شعرت بوجود الجن في بيتك تقول (أناشدكم بالعهد الذي أخذه عليكم سليمان أن تخرجوا وترحلوا من بيتنا، أناشدكم الله أن تخرجوا ولا تؤذوا أحداً) وقراءة سورة البقرة مرة واحدة وتقوم بتكرار هذه العملية ثلاث أيام متتالية

٢- إذا شعرت بعد ذلك بشيء في البيت تحضر ماء في إناء وتضع إصبعك الشاهد من اليد اليمنى فيه وتقرب فاك منه وتقول :(بسم الله أمسينا بالله الذي ليس منه شيء ممتنع وبعزة الله التي لا ترام ولا تضام وسلطان الله المنيع نحتجب وبأسمائه الحسنى كلها عائذ من الأبالسة ومن شر شياطين

(١) سورة الحشر آية ٧.

الإنس والجن ومن شر كل معلن أو مسر، ومن شر ما يخرج بالليل ويكمن بالنهار ويكمن بالليل ويخرج بالنهار وشر ما خلق وذراً وبرأ ومن شر إبليس وجنوده ومن شر كل دابة أنت آخذ بناصيتها إن ربي على صراط مستقيم أعوذ بما استعاذ به إبراهيم وموسى وعيسى ومن شر ما خلق وذرأ وبرأ ومن شر إبليس وجنوده ومن شر ما ينبغي (وقراءة أول عشر آيات من سورة الصافات) ثم تتبع بهذا الماء جوانب الدار فتضع منه في كل جانب من جوانبها فيخرجون بإذن الله تعالى فالعلاج بين يديك وما عليك إلا أن تخلص النية لله أثناء الدعاء وتستعين برب العالمين .

٣ - فيخرجوا من البيت صاغرين ومطيعين لا يخالفون أمرا وأذ شعرت بشيء بعد ذلك فعليك أن تقراء سورة البقرة يوميا لمدة ٢١ يوم دون توقف بنية الطرد وإذ لم تنتهي المشكلة فيكون هناك ملابسات في الموضوع أي إن الأمر يكون بعيدا عن أمور الجن والشياطين .

٤ - واما الطريقة الثالثة في امور طرد الجن والشياطين والعمار من المنزل هي ما يلي قراءة سورة البقرة يوميا وعلى جلسة واحدة لمدة خمسة وأربعون يوماً .

تأثير القرآن الكريم والذكر في أبدان الشياطين وخلعهم من أجساد المسلمين ألاّ لو أنزلنا كلام الله الواحد الفرد الصمد على جبل لسحق هذا الجبل من مكانه ولن يتبقى منه شيء لأنه هو الحق المبين فكلام الله هو التهديد والوعيد والترغيب والترهيب، ولو اجتمعت الإنس والجن لن يأتوا بمثله أبداً، فكيف لا يؤثر القرآن على هذه الأبدان الخفيفة، كونه يزلزل الجبال والبحار

بعظمتهم هذه وهي مخلوقة من واحد أحد لا شريك له وكل شيء صاغر له، فالقرآن والذكر له الأثر الكبير على هذه الأبدان حتى لو كان من مسلمين الجن، فكيف إذا بكفار الجن الذي يوجد به التذكير بالآخرة التي لا مفر منها فالقرآن العظيم هو أكبر مؤثر في نفوس الجن والإنس، لقوله تعالى (لو أنزلنا هذا القرآن على جبل لرأيته خاشعاً متصدعاً من خشية الله، وتلك الأمثال نضربها للناس لعلهم يتفكرون) [١]

فالبينة والدليل من القرآن الكريم والسنة النبوية المطهرة لذلك عند قراءة القرآن على شخص مصاب بسحر أو بمس شيطاني .

نجد أن الشخص بداء بالانعكاسات أي بداء التأثير من القرآن الكريم فيهل الشيطان صارخاً من سماعه للقرآن إما أن ينطق على لسان الشخص ويصرعه وإما أن يقوم بالهروب والخروج من الجسد بسبب هذا القرآن العظيم

تكبيل الجن والشياطين

ماذا يقصد بالتكبيل ؟ هو القيد أو الربط فنقول فلان كبل بالحديد أي أنه قيد بالحديد لا يستطيع الحركة لأنه أصبح مقيداً، فكثيراً من المعالجين يدعون أنهم يستطيعون تكبيل الجن داخل الجسد وخارج الجسد .

أولاً : تكبيل الجن داخل الجسد .

كثير من المعالجين الذين لا يعلمون في أمور العلاج، لا يوجد عندهم الخبرة و المعرفة في هذا المجال و لكن عليه قراءة آيات من القرآن الكريم فقط و يقوم

(١) سورة الحشر آية (٢١).

بالتشخيص كيفما شاء و كيفما يحلو له، عندما يسأل المعالج عن الأعراض التي حدثت للمصاب أثناء القراءة و من ضمن هذه الأسئلة عن الخدر، ومن هنا يبدأ المعالج وحسب اعتقاده بأنه حصر الجني في المنطقة السفلية من الجسم فيقوم المعالج بعملية تنزيل الخدر من أعلى الجسم إلى أسفل القدمين، ودهن القدمين بالزيت و يبدأ بقراءة هذه الكلمات (كتفتك بالنون) أكثر من عشرين مره وهو يعتقد أنه كبل الجن في الجسد، و يبدأ بحرقه بآية الكرسي، وهذا الأمر غير وارد أبداً فلم نسمع ذلك عن الرسول صلى الله عليه و سلم على انه يوجد تكبيل الجن من قبل الإنسان .

لكن هذا إدعاء عند كثير من المعالجين بسبب عدم المعرفة في أمور العلاج والجهل به السؤال هنا لو كان تكبيل الجن داخل جسم الإنسان صحيحاً إذا كيف يستطيع الخروج منه ؟ وإن الشيطان المتلبس جسم الإنسان لا يخنس أبداً كما يقول البعض ولا يصغر ولكنه يتصف بصفات الشخص نفسه في الطول و القصر وغيرها، وبالنسبة للزيت فهو يغلق المسامات الموجودة فوق الجلد وبالنسبة للخدر، إما ان يكون بسبب الجلوس الطويل أو تأكل الفقرات (مرض عضوي)، أو حاله وهم أو حاله نفسيه أو يكون تلاعب من القرين حتى يضلل المعالج و يوهم المصاب بأن هذا الخدر سببه جني متلبس او شيطان موكل بسحر وغير ذلك، وبالنسبه إلى حرق الجن كما يدعو أيضاً هنا، لا تتم عملية الحرق الفعلية و إنما يتم تشويه جسده مثل سكب الماء الحار على القدمين أو اليدين ، فهي تشوه الجلد وتحرق مكانه، كذلك الأمر للجني لا يعني حرق الجني (قتله) وانما تعذيبه، هل عندما يقتل الجن يكون الأمر هيناً من قبل أهله وقومه، أم يثارون له إذا لم يتمكنوا منه فهم يتسلطون على أولاده او على أهله او على أحد

من أقاربه ، انني أضع النقاط على الحروف حتى تكون الفكرة واضحة للجميع بالنسبة لأمور العلاج و بالنسبة لهذا الباب، فالجهل و عدم المعرفة في أمور العلاج يؤدي في نهاية الأمر إلى الضياع و الهلاك فالحرص كل الحرص من أن ترمي نفسك في متاهة الجهل وعدم المعرفة .

ثانياً : تكبيل الجن الموجود على الأرض .

هناك فئة من الناس وهم المشعوذون يدعون أنهم يكبلون الشياطين و يقومو بمعاقبتهم وسجنهم، وهؤلاء الفئة من الناس هم المشعوذون والعرافون وأصحاب الشياطين التي تضلهم ضلالاً بعيدا و توهم لهم ما يريدون مثل تكبيلهم للجن الموجود على سطح الأرض و خاصة هؤلاء المدعون أنهم يستخرجون الذهب من الأرض فيعتقدون بوجود الذهب وعليه حارس و هو ما يسمى(بالرصد) فيقوم المشعوذ بقراءة نوع من أنواع الطلاسم الكفريه فتوهم له الشياطين على وجود المال وتم تكبيل الرصد الموجود على هذا المال، هذه المعلومات وضعت بعدما تحققت منها بالشكل الصحيح فهذا هو جوابي على هذا السؤال وهو :-

لا يوجد شيء أسمه تكبيل الجن لأن عالمهم يختلف اختلافا كبيراً عن عالم الإنس و هذا الزمان لا يوجد شخص يحكم الجن كما يدعون، فنحن نعرف أن سيدنا سليمان كان يحكم الجن والشياطين والمردة والعفاريت وكانت هذه معجزه من الله لنبيه سليمان عليه السلام فقط، لا تذهبوا بعيدا فالقران خير وسيلة للرجوع اليه والتأكد من ذلك .

خلاصة هذا الفصل :-

يجب علينا أن لا نصدق كل ما نسمعه بل نتحقق منه جيداً فالقران الكريم وضع جميع ما يتعلق بهذا الكون لا من صغيرة ولا كبيرة الا احصاها، ولأننا محاسبون عليه بعد ما جاءنا العلم في شتى أنواعه و نواحيه و خاصة علم الشريعة الإسلامية فالقرآن الكريم بين جميع الأمور كلها، فخلاصة هذا الباب أنني أنفي و أصر في النفي على أن هناك شيئا اسمه تكبيل الجن أو حبسه من قبل الانس، ما هو إلا كذب و افتراء وخداع، ما هو دليل كلامهم لو كان هذا الامر صحيحاً كما يدعون ؟ حججهم ضعيفة فالشيطان يحاول إضلال الناس كي يجعلهم تحت السيطرة التامة بين يديه كما ذكر ذلك .

الجن وسيطرته على الجسد الإنسان

هو روح ونفس، وسيطرة الجن على نفس الإنسان إما أن تكون سيطرة خارجية مثل الاقتران أو سحر الرباط، وهنا حركة الجن تكون حركة واضحة مثل وضوح الشمس على جسد الإنسان وسيطرة الجن على الجسد تكون سيطرة ثابتة في بعض حركات خاصة ومبينة عندما تقرأ على الحالة والمصابة بهذه السيطرة إما أن يخرج الجني أو الشيطان من أطراف اليدين أو أطراف القدمين وتبدأ الأصابع بالسقوط إلى أسفل وهذا يعني (الطرد)، وإذا بدأت الأيد بالتشنج والمقاومة إلى الأعلى هذا يعني (تمرد) ومن ثم سيطرة كاملة على الجسد ويسمى (بالصرع) ويبدأ الشيطان او الجني بالتحدث على لسان المصاب ومحاورة المعالج والتمرد والعصيان ان استطاع وهذا حسب قوة ايمان المعالج وتقربه إلى الله ومدى معرفته وتطلعاته في علوم الرقية وخبرته في العلاج.

تنقسم سيطرة الجن على جسد الإنسان إلى أمرين هما :-

١-إما الخروج والطرد فوراً .

٢-أو رفع اليد للأعلى إشارة بالتمرد مع إغلاق قبضة اليد وتعني التحدي .

الأمر الأول :

إن قراءة القرآن بكل يقين وإيمان والتدبر به يطرد الشياطين ويبعدهم عن الأجساد الآدمية لأنهم لا يستطيعون تحمل سماعهم للقران الكريم لأنه كلام الله ولو نزل على الجبال لأزالتها عن الوجود ولن يبقى منه شيء من قول الحق جل جلاله، فما بالك أيها الإنسان لو قرأ هذا القرآن على الأرواح الخفيفة مثل أرواح الجن والشياطين، هل يتحمل هذا الكلام عليه وهل يستطيع المكوث في مكانه .

الأمر الثاني :

القرآن الكريم كلام عظيم وهو من رب العالمين صاحب الأسماء والصفات فنجد أن القرآن هو المؤثر في أبدان الشياطين، وإذا قرأ القرآن على إنسان متلبس بجني نجده تأثر وتفاعل وتظهر عليه أعراض حضور الجني، هذا في حالة التمرد وهو القسم الثاني من سيطرة الجن على الإنسان فإذا حدث ذلك، فهذا يعني أنه يريد التحاور والتحدث على لسان الشخص مع المعالج، فالتحدث على اللسان هو السبيل الثاني من نجاته من سماعه للقرآن الكريم، ومن الممكن أن يقبل الإسلام ويدخل به وهذا حسب هدايته من الله والامر الاخر قد يكون مراوغاً بحيث يقوم بإبعاد الحقيقة عن المعالج وعدم العلم بها .

استنتاج

إذا نستنتج من حديثنا أن القرآن الكريم هو أكبر علاج وشفاء للناس الذين يدركون معانيه وخصائصه الربانية التي عجزت عنها كل الكائنات من إنس وجن وملائكة وغيرها من مخلوقات فهذه حقائق لا يستطيع أي انسان ان يخفيها او ينكرها ومن كان عكس ذلك فهو منكر بعض الايات القرانية التي دلت على صحة ما نقوله .

وينقسم سماع الجن للقرآن إلى قسمين :-

الأول - أما الحضور والسماع واليقين والإيمان به لقوله تعالى (قل أوحي إلي أنه استمع نفر من الجن فقالوا إنا سمعنا قرأنا عجبا يهدي إلى الرشد فآمنا به ولن نشرك بربنا أحدا) سورة الجن .

الثاني - وإما الخوف من التهديد والعذاب المهين، فالهروب هي الوسيلة الأخرى ليبعد الضرر عن نفسه، لا يستطيع الشيطان المقاومة ولا التحدي، وكثيراً ما سمعنا من غالبية الحالات أن الجن لا يريد الخروج من الجسد بعد قراءة القرآن عليه عدة مرات على المصاب، وهذا الكلام مردود على صاحبه وعلى كل من قاله وعندنا الدليل ونحن مستعدون على أي حالة موجودة، واكبر حالة لا تستغرق علاجها اكثر من جلسة واحدة فقط بعد مشيئة الله كما قال الرسول صلى الله عليه وسلم (لن تستطيعه البطلة) أي لن يقدر عليها السحرة وغيرهم لذلك فإن الشيطان لا يستطيع المكوث أما هذه السورة العظيمة وهي سورة (البقرة) وهي جزء بسيط من القران الكريم، حتى أمام الجن المسلم الظالم، فحقت قدرته

على أن اللـه خلق كل شيء بقدر وخلق نظاماً للكون لا يستطيع أحد أن يغيره ولا يتعدى حدوده، ومن يريد التحدي والتعدي فهو من الخاسرين وكتب عليه أنه من الهالكين .

إليكم الحقيقة والواقع

أخي القارئ العزيز ... أخي المسلم هناك حقيقة واقعية أحب أن أُوضحها للجميع وخاصة للذين يتمعنون بهذا الكلام و يأخذونه بعين الاعتبار و الأهمية لأن الحقيقة هي سبيل النجاه بدلاً من مضيعه الوقت و الجهد و المال على أمور خيالية لا حقيقة لها في الوجود ألا و هي (المنقبون عن الذهب) من باطن الأرض، مثال على ذلك هناك كثير من الكهنة والعرافين يقولون أن في هذه المنطقة من الأرض يوجد بها ذهب ويوصف لهم النوعية والكميه والمسافة، السؤال هنا هل هذا الكلام صحيح ؟

لو كان الأمر صحيحاً إذاً أين النعمة على هؤلاء المشعوذين الذين يدعون باستخراج الذهب و شق الأرض و سحب الذهب من مكان إلى آخر و من بلد إلى آخر .. سؤال يطرح نفسه لماذا لا يستطيعون أن يسحبوا العملة الموجودة في البنوك ومن المحلات التجارية علما بان الشيء الموجود فوق سطح الأرض أسهل بكثير من الشيء الموجود تحت الأرض، و لكن يريد الشيطان أن يضل هؤلاء الناس الذين يسيرون في طريق الظلمات لا يعلمون ما هو مصيرهم في الآخرة ومن هنا نجد الشيطان يتملك على عقول البشر يأخذهم يميناً وشمالاً وهم في غفلة يسيرون بسرعة وراء سراب لانهاية له، لقوله تعالى) قال رب بما أغويتني لأزينن لهم في الأرض و لأغوينهم أجمعين*إلا عبادك منهم المخلصين) (١١٢) .

يقول تعالى مخبراً عن إبليس وتمرده وعتوه أنه قال للرب (بما أغويتني) قال بعضهم أقسم بإغواء الله له ويحتمل أنه بسبب ما أغويتني وأضللتني (لأزينن لهم) أي لذرية آدم عليه السلام (في الأرض) أي أحبب إليهم المعاصي وأرغبهم فيها وأؤزهم إليها (ولأغوينهم أجمعين) أي كما أغويتني وقدّرت علي ذلك (الا عبادك منهم المخلصين) لا أستطيع أن أقدر على عبادك الصالحين المخلصين لدينك كل الإخلاص، ومرجعكم كلكم إلي فأجازيكم بأعمالكم إن خيراً فخير وان شراً فشر [١].

فتاوى اللجنة الدائمة للبحوث العلمية والإفتاء استخدام الجن بالأضرار بأحد أو نفعه شرك في العبادة ولا يجوز استخدام الجن المسلم أو غير المسلم في علاج المسحور أو في الاستدلال على السحر أو المفقود أو ضرب المندل ومن عرف عنه ذلك لا يصلى عليه ولا يقبر في مقابر المسلمين، يقول صلى الله عليه وسلم :«**ليس منا من تطير أو طير له أو تكهن أو تكهن له أو سحر أو سحر له ومن أتى كاهناً أو عرافاً فصدقه بما يقول فقد كفر، بما أنزل على محمد**» [٢].

نستنتج من هذا الحديث الشريف أن ضرب المندل أو أي نوع من العرافة هو شرك بالله بل هو أكثر من ذلك فهو كفر، أيضا استخدام الجن إن كان مسلماً أو كافراً لا يجوز أبداً استخدامه في مثل هذه الأمور خوفاً من التدخلات الشيطانية والسبب لأن الجن غير مرئي بالنسبة للإنس و لأن الشيطان لا يحضر اليك مباشرة و يقول لك أكفر بالله و لكنه يستدرجك من حيث لا تعلم حتى يتملك السيطرة التامة ويزين لك الباطل والفواحش ويكره إليك الدين والعبادة

(١) اللجان الدائمة للبحوث العلمية والأفتاء
(٢) أخرجه مسلم.

حتى تخوض في عالم المتاهة التي لا طريق لها إلا طريق جهنم خالدين فيها أبدا إلا من تاب وآمن وتراجع عن التصرفات والأفعال فان الله غفور رحيم ويقبل التوبة من عباده وكما قال صلى الله عليه وسلم :«**كل بني آدم خطاء وخير الخطائين التوابين**» [(١)].

نرجع قليلاً إلى الوراء حتى نبين بعض الامور عن المشعوذين الذين يستخدمون الشياطين في موضوع الكشف عن الذهب لقد أسلفنا سابقاً أن الشيطان يريد الضلال لابن آدم كي يجعل منه فريسة سهله له و لأتباعه، وهو يسعى دائما على ان يجعل المؤمنين بالله في ضلال بعيد و لكن حقت قدرة الله لا سلطان على المؤمنين، فالكشف عن الذهب ما هو إلا تزيين للعقول الضعيفة و النفوس المريضة لأن هذا الأمر غير صحيح و الشيطان هنا يستغل هذه الفرصة و يخيل لهم برؤية الذهب و الجواهر و غيرها من أموال مخزونة في باطن الأرض، نتذكر قوله تعالى (ولأغوينهم أجمعين) هذه الآية دلت على مفهومها أن الشيطان يضل و يزين للإنسان ما يحلو له و نجد أن الشيطان يخيل لهم بحيله و تزييفه و تخييله على الأنفس المريضة و البعيدة عن ذكر الله، و الذين يقتنعون بكلام المشعوذين و العرافين و يأخذون كل كلمة بصدق و يقين ولو أنهم أدركوا معنى كلام الله وكلام رسوله الأمين لعرفوا مدى كذبهم و جهلهم و خداعهم و شركهم بالله.

إنني أحذر كل مسلم من هذا الطريق الذي لا نهاية له إلا طريق جهنم و كثير من المشعوذين يدعون لأنفسهم علم الغيب و معرفة الأمور التي سوف تحدث، وهناك فئة كبيره من الناس يصدقون ما يقولون، لأن الكلام الذي

(١) متفق عليه.

يوجد به لذة و مخادعه و كذب على العقول عند كثير من الناس يعتقدون أن الكلام يروح عن القلوب و لكن قلوب من، قلوب الضعفاء و لو تذكروا قول اللـه تعالى (**هو اللـه الذي لا إله إلا هو عالم الغيب و الشهادة هو الرحمن الرحيم**) [سورة الإسراء] .

أخبر سبحانه وتعالى على أنه الذي لا إله إلا هو فلا رب غيره ولا إله للوجود سواه، وكل ما يعبد من دونه فباطل وأنه عالم الغيب والشهادة أي يعلم جميع الكائنات المشاهدات لنا و الغائبات عنا، فلا يخفى عليه شئ في الأرض ولا في السماء من جليل وحقير و كبير وصغير حتى الذر في الظلمات و هو الرحمن الرحيم ذو الرحمة الواسعة الشاملة لجميع المخلوقات فهو رحمن الدنيا والآخرة و رحيمهما، إذا لا يعلم الغيب إلا اللـه وحده، والذي يدعون على أنفسهم معرفة الغيب ما هي إلا شعوذة وتكهُن، و كما أسلفنا سابقا من هؤلاء الأشخاص الذين يستعينوا بالشياطين من دون اللـه كما قال سبحانه و تعالى (و أنه كان رجال من الإنس يعوذون برجال من الجن فزادوهم رهقا) سورة الجن

دلت هذه الآية على خوف الإنس من الجن عندما رأت الجن أن الإنس يعوذون بهم من خوفهم منهم زادوهم خوفا و إرهابا و ذعرا، وكان الإنس يعوذون بكبير الجن إذا نزلوا واديا أو مكان موحشا، يلجئون ويطلبون من سيدهم أي كبير الجن أن لا يضروهم شيئا، ولو عرفوا أن الضار والنافع هو اللـه ما فعلوا هذا أبدا لقوله تعالى (وَمَا هُمْ بِضَارِّينَ بِهِ مِنْ أَحَدٍ إِلَّا بِإِذْنِ اللـهِ)[1]

---

(١) سورة البقرة آية (١٠٢).

وهنا ملاحظة هامة على موضوع الاقتران كثير من الناس نجدهم مصابين بإصابة الاقتران، الامر الاول بسبب كثرة القراءة على الشخص المصاب و تعدد المعالجين من معالج إلى آخر، والامر الثاني بسبب الذهاب إلى المشعوذين الذين يتعاملون مع الجن والشياطين فنجد أن حدة الاقتران تزداد شياً فشياً ومن الممكن ان يحدث المس وهو ما يسمى (المس بالمصاحبة) فالجهل وعدم العلم والمعرفة تؤدي إلى هذا الامر .

الحالة النفسية والنفسية المكتسبة وعلاجها

اصبح ظهور هذه الحالة في كثير من المجتمعات كثيرا، وانني أجد الكثير من الناس تشتكي من هذا الامر المحاط بهم والمتعلق في نفوس الناس ونحن نعرف أن الحالة النفسية هو وجود خلل معين في بعض أمور الحياة، تجد ان الشخص المصاب بحالة نفسية سببها مشكلة قد واجهته في حياته وهذه المشكلة قد تسبب السيطرة التامة على حالته النفسية وهنا يظن كثير من الناس أن الحالة النفسية هي حالة (سحر أو عارض من الجن) ونجد أن هؤلاء الناس قد طرقوا باب هذا وباب ذاك للعلاج ولكن لا جدوى في ذلك وهناك كثير من المعالجين الذين لا خبرة لهم في العلاج تجد انه يشخص الحالة النفسية (سحر أو مس) ولكن تبقى الحالة كما هي بل تزداد سوءا وتبقى الحالة من غير علاج ويبدأ طرق أبواب المشعوذين والعرافين وغيرهم من الكهنة وتبقى الحالة كما هي علية دون فائدة، ومن هنا تصبح الحالة *(حالة نفسية مكتسبة) ويبدأ مشوار التعب من الأهل والمصاب لذلك نجد اثناء جلسة العلاج وقراءة آيات الرقية على المصاب

بحالة نفسية مكتسبة تبدأ الرجفة في جسمه والصراخ أحياناً وغير ذلك من أعراض.

وهنا نسأل أنفسنا لماذا إذا الصراخ والرجفة اثناء القراءة ونحن نعرف ان الجسد خالي من السحر والمس .... والجواب على ذلك السؤال هو ان ذلك الشخص بدأ بحالة نفسية وكان من الممكن السيطرة عليها قبل فوات الأوان وقبل ان تتفاقم الحالة، ولكن الوهم والاعتقاد بأن هذا الشخص مسحور أو متلبس بشيطان اصبح هذا الأمر في عقله وإحساسه وبدأ يفكر به ليلا ونهارا دون إدراك، وهنا أصبح الوضع في قمة الويل بتفاقم الحالة حتى تصبح حالة نفسية مكتسبة، وهذه الحالة لا ينفعها أطباء وانما تعالج بقراءة القران الكريم والرقيه الشرعية على المصاب.

وان اعتقاد الشخص بوجود جني في داخل جسده ان كان سحرا أو مسا فيحول الأمر إلى حالة نفسية كما ذكرت ومن ثم يفتح الباب أمام قرينه ليتحكم به وبتصرفاته وأفعاله مما يؤدي إلى حالة ما يسمى (بمس القرين) .

أعراض الحالة النفسية

لقد تكلمت في هذا الكتاب عن الحالة النفسية وعلاجها وكيف من الممكن أن يصاب الإنسان بالحالة النفسية من أمر بسيط جداً وبينت كيفية الابتعاد عن مثل هذه الإصابات التي من الممكن أن تؤدي بصاحبها إلى الهلاك والدمار .

ومن أعراض الحالات النفسية هي :-

- آلام في المعدة .
- الشعور بالعجز والإهمال .

- الصداع المستمر.

- الاكتئاب .

- القلق وضيق الصدر .

- الشرود الذهني .

- الشعور بالوحدة وحب الانطواء .

- قله النوم او الكسل الشديد والاستغراق بالنوم .

- الخوف الشديد .

- الاضطراب في الجهاز البولي والهضمي بشكل واضح .

- الشعور بالتشاؤم وعدم الثقة في الاخرين .

- فقدان شهية الطعام مما يصبح الجسد نحيفا .

- الفزع والتخيلات وغيرها .

هذه الأعراض موجودة عند كثير من الناس، ويعتقدون أن هـذه الأعراض هـي مـن الجـن ولكن في حقيقة الامر لا علاقة هذه الأعراض بالجن، ولكن الناس أخذوا هذه الأعراض مـن قبـل المعالجين دون علم ولا معرفة، وغالباً ما تكون هذه الأعراض هي من أعراض الحـالات النفسيـة وأكثر الأعراض التي يشتكي منها الإنسان أو المصاب هـي آلام المعـدة والسـبب أن المعـدة تفـرز إفرازات وأحماض بشكل غير طبيعي وهي كالعادة تؤثر على غشاء المعدة، لأن غشاء المعدة هـو عبارة عن كتلة مـن الأعصاب، فيحـدث خـلل مفاجئ فتتغـير (فسيلولوجية الجسم) ومـما يحدث الآلام المتنقلة في الجسد وظهور الأعراض التي ذكرت سابقاً.

ويحدث بعدها الآلام المستمرة والمتقطعة ومن حين إلى آخر، ومن ثم ينتقل هذا الألم إلى المفاصل والرأس، وهذا يعود إلى الوضع النفسي بقوة وضعف الإصابة.

وهنا أريد أن أوضح هذه النقطة الهامة للجميع وهي ألم المعدة فكثير من المعالجين قد ربطوا ألم المعدة على أنه سحر مأكول، أو الشيطان موجود ومقيد داخل المعدة، لأن الشيطان أو الجني الموكل بالسحر لا يدخل بصفته ويجلس في المعدة كما يقول المدعون، والجن هنا إذا دخل في الإنسان يدخل بصفات الشخص ويكون في درجة الفتور، ولا يظهر إلا بعد قراءة الرقية على المصاب .

تعقيب : ان الحالة النفسية اذا وقعت في دائرة الشخص المصاب قد تكون مؤثرة وبالغة في التأثير وحسب قوة الاصابة وهناك من المصابين بهذه الحالة تكون اصابتهم لعدة اسباب واهما -:

● **الصدمات وتنقسم الصدمات إلى عدة اقسام من اهمها -:**

- **صدمة العصبية :** وهي ما يتأثر بها الشخص المصاب نتيجة لسماعه عن مصيبة كبيرة ادت إلى فقدان حيات شخص قريب عليه .... الخ .

- **الصدمة النفسية :** وهو عامل مؤثر على نفسية المصاب من فشل في الدراسة او عدم توفيقه في خطبة فتاه يرغب بها ومن الممكن ان يضحى من اجلها وعمل المستحيل لذلك او فشل في العمل او اهانته من قبل اناس مقربين له امام اخرين .... الخ .

ان من الحالات النفسية قد تؤدي إلى الكثير من الامراض الجسدية والعقلية احيانا وفي بعض الحالات وهناك من الاشخاص الذين يتعرضون لمثل هذه الحالات مما ينتج عن ذلك ما يلي :-

- **الانفصام الشخصية** : وهو ان الشخص المصاب يبدأ بالتخيل بإن هناك من يطارده لمحاوله قتله او تسليمه او تعذيبه فهذه الحالة قد تكون من الأمراض التي أثرت على خلايا الدماغ مما يجعل من حلمه أشياء يتخيلها في اليقضة .

- **حب العظمة (مرض العظمة)** : يكون الشخص المصاب في غاية الغرور والكبرياء فيعتقد بأنه أفضل إنسانا خلق على هذه الأرض وعلى الناس الذين يعرفونه ان يخضعوا لأوامره وان يوافقوه على رأيه حتى ولو كان رأيه غير سليم مثال على ذلك : (هناك الكثير من الأشخاص الذين أصيبوا لمثل هذا المرض يعتقدون بأنهم هم المبعوثون من الله على هذه البشرية في نشر الرسالة على أيديهم وهم الذين نزلت عليهم الملائكة الكرام وإجبارهم على ذلك وهناك من الرجال ما يعتقد على نفسه بأنه المهدي المنتظر وهو مقتنع بذلك.

الحالة الانفعالية

أن الحالة الانفعالية عند كثير من المصابين بهذه الإصابة يكونوا تحت سيطرة فكر معين بإتجاه محدود أو غير محدود نتيجة لظروف خاصة بالمصاب قد أثرت عليه تأثيراً سلبياً وبمساعدة القرين مما ينتج عنها ضغوظات انفعالية داخلية فيحدث عند المصاب التوتر والقلق والعصبية من حين لأخر .

أنواع الحالات النفسية

تنقسم الحالات النفسية إلى قسمين رئيسيين هما :-

حالة نفسية عامة : وهي عبارة عن توترات عصبية مفاجئة نتيجة لظروف اجتماعية يمر بها الإنسان وقد يمر الإنسان بواقع معين يسبب له الأثر النفسي العميق وأكثر هـذه الحالات فشل الإنسان في العمل او الدراسة او عـدم القدرة عـلى ارتباطه مـع الانسانة التي كانـت في مخيلته على ان تكون شريكة حياته ومن الممكن ان تحدث هناك إصابة ما تـسمى (بالصرع النفسي) .

وهناك نوع أخر من الحالات النفسية وهي حالة نفسية مكتسبة : قـد يشتكي شخص مـا من سحر قد أصيب به لان هناك خلاف مع الزوجة وعدم استقرار الحياة الزوجية وبعـد توجيه بعض الأسئلة من قبل المعالج يقر المعالج بـأن هنـاك سحر موجود بينكما واذا كان الشخص المعالج ساحرا فانه يعتمد على علم القرين فيدلي بالإجابات وبالأحداث التي حـدثت معـه في السابق ومن الممكن ان تكون هذه المعلومات صحيحة بالنسبة للمريض كـون هـذه المعلومات أصبحت في علم الحاضر فيبهت المريض ويجد نفسه منقادا لهذا الساحر ومـن الممكن إعطائه برنامج معين وحسب طريقته فيستخدمه الشخص وبعد فترة نجد ان الشخص لم يتغير عليـه أي شيء فتتولد عنده القناعة بأنه مسحور بسحر قوي ويصبح في دائرة الوسوسة فتنشأ عنده الحالة النفسية المكتسبة وقد تصل هذه الحالة إلى نطق الجني على لسان الشخص الـذي يعتقـد انه مسحور علما بأنه لا يوجد جني او أي نطق فعلي وتسمى هـذه الاصابه (بالحالة النفسية المكتسبة).

حالة نفسية بسبب من الجن : وهي تعالج عند المتخصصين في العلاج بالرقية الشرعية، وكما ذكرت ان الجن يلعب دوراً كبيراً في إصابة الإنسان لظروف وضغوطات نفسية كبيرة ويكون الإنسان غير قادر على التحمل النفسي لان هذا الأمر يتدخل به القرين بحيث يكون مساعدا في زيادة الأوضاع النفسية سوءً على المصاب، عندما يتم صرف الجن الموجود عند الشخص المصاب والذين هم سبب الحالة النفسية له يتم تخفيف ضغط القرين على الشخص المصاب مما يؤدي إلى انتهاء المشكلة على شرط ان يتراجع الشخص عن الأمور والأفكار التي كانت محيطة به .

علاج الحالة النفسية

١. معرفة المشكلة التي وقع بها هذا الشخص إن كان (ذكرا أو انثى)

٢. حل المشكلة بقدر الاستطاعة ويكون الحل من كل الأطراف وخاصة الأهل ومن المعالج والمصاب .

يجب على المصاب ان يتابع البرنامج التالي لمدة من ٢١- ٤٥ يوماً صباحاً ومساءاً وهو كما يلي :-

- قول لا اله إلا الله وحده لا شريك له، له الملك وله الحمد يحي ويميت وهو على كل شيء قدير (١٠٠) بعد صلاة الفجر .

- قول لا اله إلا انت سبحانك إني كنت من الظالمين (١٠٠) مرة .

- الصلاة على الرسول صلى الله عليه وسلم (١٠٠) مرة .

- قراءة سورة يس مرة واحدة قبل النوم و الدعاء المذكور في هذا الكتاب سابقا .

- المحافظة على الصلاة وخاصة الجماعة .

- المحافظة على تلاوة القرآن الكريم وخاصة عند صلاة الفجر .

الوهـــم وعلاجـــه

الوهم : هو مرض نفسي خبيث .

إذا وقعَ شخص ما في دائرة الأوهام فمن الصعب الخروج منها، والإنسان في حياته لا يخلو من الأوهام، وكون الوهم مرض نفسي خبيث وهو أصعب من الأمراض العضوية او الروحية لان المرض العضوي يزول بالمتابعة عن الأطباء المختصين وبالرقية الشرعية الصادقة والأمراض الروحية تزول عند القراءة على المصاب بأي إصابة كانت ومن الممكن أن تسبب بعض التداخلات من القرين فيجعل حياته أوهاماً في أوهام واحياناً يكون تأثير الوهم أكبر من الحقائق فكثير من الناس يتعرضون إلى مشكلة معينة وهي محاطة بهم فتظهر عليهم أعراض لم تكن موجودة من قبل، فتوهم له نفسه بان هناك شيئا يعارضه، فحقيقة الوهم قاتل للنفس وأما مريض الوهم فهو في دوامة قد لا تنتهي الا من خلال رفع درجة نفس المريض والتقرب منه وفهم الأسباب التي أدت إلى التغير الوضع النفسي عنده ويتم دراسة الأسباب ووضع الحلول المناسبة والدعاء والتوسل إلى الله والتوجه بنية صادقة تنتهي المشكلة ويتم انقاذ مريض الوهم، وهناك قسم من الذين يعانون من امراض الوهم القاتلة تبقى معهم ولا تفارقهم حتى الممات عافانا الله وإياكم من ذلك .

وأما بالنسبة للوهم الذي يتعرض له الانسان له عدة عوامل ومسببات منها :

١ - انتشار القصص والكتب في خصوص الجن والشياطين .

٢ - رؤية الناس لبعض حالات الصرع وبعض المشاكل المحاطة بالآخرين .

٣ - ربط المرض العضوي على انها من الجن .

٤ - كثرة الشكوك على ان الشخص مسحوراً او ممسوساً او محسوداً .

٥ - كثرة الذهاب للمعالجين فيتم اكتساب الحالة وخاصة اذا كان التشخيص ليست صحيحاً فيتأثر المصاب من كلام المعالجين فيصبح في دائرة الوهم وخاصة اذا لم يكن المصاب مصاباً بإصابة فعلية .

وكثير من الحالات قرأت عليها آيات من القرآن الكريم ولم أجد شيئاً في الجسد، أي انه خال من السحر والمس أو أي إصابة فعلية، وهنا أود أن أوضح أن كثرة الشكوك والزيادة بالوهم يجعل هناك ثغرة بالتدخل المباشر من الجن والقرين وغير ذلك، فتصبح الحالة من حالة وهم إلى حالة فعلية، فيجب على المصاب بهذه الإصابة أن يبتعد عن الوهم وان يقوم بدراسة مشكلته بالكامل وان يكون توجهه إلى الله وان يلتزم بشرع الله حق التزامه، وعليه ان يدرك ويتأكد هل هو مصاب بإصابة فعليه ام غير فعليه، حتى يتسنى له من معالجة مشكلته بالحل الأمثل دون تعقيد وبالنسبة للشخص ان كان ذكراً أو انثى الذي وقع في دائرة الوهم ليست منه وانما هو من المعالجين الذين يعالجون دون علم ولا معرفه ولا يوجد دليل أو بينه لديهم، فيقوم هؤلاء المعالجون بإخبار المصاب ان هذه الأعراض التي يشكو منها هي حالة لبس او سحر فتبقى هنا المشكلة دون حل بل تزداد في التعقيد .

وفي الحقيقة : إن مرض الوهم إذا أصاب الانسان كان أخطـر مـن المـرض الحقيقـي لأن الإصابة التي هي من الجن تزول بعد مشيئة اللـه امام قراءة الرقية الشرعيـة عـلى المـصاب، امـا مريض الوهم فهو في دوامة لا تنتهي الا بالرجوع والابتعاد عن ذلك.

أعراض الوهم :-

- التشويش المستمر للفكر .

- خلل في وظائف الغدد .

- ارتفاع ضغط الدم .

- اضطراب الجهاز الهضمي وعدم تقبل الطعام وتسبقها ألام في المعدة المستمرة

- الشعور بحالات التقيء .

- حدوث الكراهية لبعض الأشخاص الذين لهم صلة بالمصاب .

- حدوث الحالات الانفعالية والعصبية والصرعيّة .

- ألم في منطقة القلب ودقات زائدة به من حين لاخر .

- اضطراب في الحالات الجنسية الشديدة احياناً .

- ظهور علامات المس والسحر عليه .

- حدوث التشنجات والإغماء .

- القلق ويتبعه الخوف من كل شيء وخاصة الموت، وغيرها من أعراض.

قول بعض أطباء النفسانيين : إذا استمر القلق عند المصاب قد يسبب أمراضاً عضوية حقيقية والسبب هو تغيير حياة المريض، فتتقلص أماله وتتغير معاملاته مع الآخرين فيبقى اسيراً تحت خيمة الوهم القاتلة .

الطرق الخاطئة عند كثير من المعالجين لتشخيص الاصابات الروحية والتي تسبب الكثير من حالات الوهم هي :-

أ - **سماع الشكوى :** كثيراً من المعالجين يقوموا بتشخيص الاصابة بمجرد سماعهم شكوى المصاب فيحكم المعالج بأن هذا الشخص مصاب بالسحر او بالمس او بالحسد، فكثيرا من الناس الذين يراجعون هؤلاء المعالجين يخضعون لكثير من الجلسات العلاجية والنسبة الكبيرة من المراجعين لا يستفيدون من العلاج بل من الممكن ان يصابوا بدائرة الوهم او بمس القرين وهي من أخطر الإصابات .

ب - **الاهتزاز في الأطراف :** أما بالنسبة للاهتزاز فهناك عدة أسباب فعلى المعالج ان تكون لديه القدرة على التمييز والمعرفة بين الحركة التي هي من الجن او سيطرة قرين او حركة بسبب الاضطرابات النفسية او المفتعلة .

ج- وضع اليد على جسد المريض سواء رجل أو امرأة : هناك الكثير من المعالجين الذين يضعون أيديهم على أجساد المصابين يتحسسون على الصدر وعلى الفخذ تحت قول اخراج الجني فما هم إلا أناس مخدوعين ومخادعين هم ومن سار على نهجهم اجمعين

.

ث - النطق : يجب على المعالج أن تكون لديه القدرة في التمييز بين النطق الفعلي أي نطق الجن وغير الفعلي أي نطق الشخص نفسه، وان يكون المعالج لديه العلم الكافي عن عالم الجن والشياطين حتى لا يدخل في أبواب تلبيس ابليس .

ح - استخدام الأدوية والأعشاب (العطارة) : كثيراً من المعالجين يقوموا بصرف الأدوية التي تبطل السحر المأكول كما يعتقدون ذلك، إما عن طريق الإسهال أو الاستفراغ مثل (قصة الأخت ودم الأخوين) وعشبه (السنا مكة) وحبة (العافية) وغيرها من أدوية، ومن المعروف أن هذه الأدوية لها خاصية من المواد التي تهيج المعدة فيتم الإسهال أو الاستفراغ تلقائياً، ومن باب أخر إن هذه المواد تقوم على إصابة مستعمليها مثل الترسبات والتقرحات في المعدة والأمعاء وغيرها من أمراض .

خ - استخدام زيت الزيتون وزيت حبة البركة : إن من المصابين ما يربط راحته النفسية بدهن الزيوت على جسده والشرب منه يوميا وهو يعتقد كل الاعتقاد على أنه يشفي من السحر والمس علما بأن هذا الاستخدام لم يأتي بنتيجة من ناحية علاجية، والأغلب من الناس ما يصاب بحالة نفسية .

د - مسك المصاب وخنقه : عند مسك أي إنسان مصاب أو غير مصاب بإصابات روحانية مثل الجن والسحر وغير ذلك من منطقة الرقبة وخاصة العروق التي يدخل من خلاله الدم إلى الدماغ ماذا يحدث له ؟ نجد ان الشخص قد اصابه الدوار وبعض الشيء من الاغماء والهلوسة

بسبب نقص الأكسجين في الدماغ المنتقل عن طريق الدم، فنجد ان الشخص بدأ يتكلم عن امور الجن واحوالهم وبما انزل الله به من سلطان، والسبب في ذلك ان شيطان الانسان أي قرينه يهيء له الكثير من المناظر والأقاويل وذلك من باب الاستدراج له وللمعالج .

ذ - استخدام الجن بعد خروجه من المصاب : نعم ان من اخطر الامور في علاج المسحور او الممسوس هو ان المعالج يقوم باستخدام هذا الجني على ان يساعده في الكشف على المصابين وعلاجهم وخاصة الحالات المستعصية كما يعتقد ذلك، وهذا شرك بالله .

علاج الوهم

عند قراءة آيات الرقية على المصاب بهذه الاصابة عند معالج بالرقية الشرعية نجد ان الجسد سليما، لا يوجد عنده أي اصابة فعلية، فنعلمه بان حالته مستقرة ولا يوجد عنده أي اصابه من الجن وغيره، ما هي الا حالة وهم فيجب على المصاب ان يتقبل النصيحة وان يبتعد عن الوهم والتفكير به بكل عزم وجديه حتى يستطيع الخروج من الحفرة التي وقع فيها كالفريسة وعليه الالتزام بما يلي :-

- المحافظة على الصلاة .
- كثرة التسبيح والذكر .
- قيام الليل قدر الاستطاعة .
- المحافظة على الاذكار الصباحية والمسائية .
- الاكثار من قراءة القرآن الكريم .

الحالة الكاذبة

هناك كثير من الناس يدّعون بأنهم مصابون بالسحر أو أن جنياً متلبس الجسد، وعند القراءة عليه يبدأ بعملية التمثيل وكأنه مصاب أصابه فعلية وإذا كان المعالج ضعيفا بالتشخيص ولا يوجد عنده الخبرة الكافية في معرفته للعلاج وكشف الحالة وقع في مشكله ومتاهة كبيره لان التشخيص غير سليم، وهنا تبدأ الحيرة مع الأهل والمعالج، ويبقى الأمر كما هو عليه ونجد أن الأهل قد ذهبوا إلى معالج آخر فيحدث نفس الأمر اذا كان المعالج غير قادر على التشخيص السليم وكشف الحالة .... ومن ثم إلى معالج آخر وهكذا حتى يطرق أبواب العرافين والمشعوذين وهنا الكارثة الكبرى وهم في غفلة لا يدرون ماذا حدث لهم وتزداد الحالة تعقيدا للأهل، وبعدها يحدث اليأس في العلاج وتبدأ المشاكل والتشتيت وغيرها من أمور مدمرة للجميع، بسبب إصابة لا وجود لها في الأصل وهنا المصاب في هذه الحالة لا يعرف مدى خطورة هذا الأمر ولكن المعالج ذو الخبرة والمعرفة في العلاج فانه يكشف الحالة الكاذبة من أول جلسة ويقوم بمعالجتها تماما باذن الله وحده .

ملاحظة / الحالة الكاذبة تنتج عن وهم لا وجود له وخوف من كشف امر معين محيط بالمدعي في الإصابة .

علاج الحالة الكاذبة

- معرفة المشكلة التي سببت تلك الحالة .

- إقامة الحجة على الشخص الذي يدعي بالإصابة وعدم اللجوء إليها مرة أخرى لأنه سوف يعاقب عقاباً شديداً على هذا التصرف .

- مخافة الله سبحانه وتعالى على هذا العمل الذي يؤدي إلى كثير من التطورات السلبية المعكوسة على المدعي بالإصابة وأهله .

- المحافظة على الصلاة والأذكار .

الحالة الاجتماعية

هناك فئة من الناس يدمجون حالتهم الاجتماعية بإصابة فعلية ولو عرفنا السبب لوجدنا ان الإصابة التي يشتكي منها المصاب هي سبب مشكلة معينة تواجهه في حياته لا يستطيع التغلب عليها أو أن هناك أمرا لا يستطيع تحقيقه لذلك تحدث له هذه الإصابة التي تسمى (حالة اجتماعية) .

- علاج الحالة الاجتماعية

لا يوجد علاج لمثل هذه الحالات إلا الإقلاع عن ذلك بكل عزم وجدية والتفكر والتدبر بالأمر ومعرفة خطورة الأمر لهذه الحالة من قبل المتوهم بالإصابة، اما علاج هذه الحالة بعد التشخيص من قبل المعالج هو ما يلي :-

- المحافظة على الصلاة وخاصة جماعة (للرجال) .
- المحافظة على الاذكار الصباحية والمسائية .
- حل المشاكل والخلافات القائمة .
- الابتعاد عن الوحدة .
- ممارسة أي نوع من الرياضة .

الحالة السلوكية

غالبا ما يكتسب الانسان سلوكا معينا ويشكل هذا السلوك عبئا عليه وهناك امثله كثيرة على ذلك مثل التدخين في فترة سن المراهقة، حب العظمة والافتخار بنفسه، الكذب، الشذوذ الجنسي، ادمان على شرب الكحول والمخدرات وغير ذلك .

علاج الحالة السلوكية

ان علاج لمثل هذه الاصابة تمر في عدة امور اهمها :

- العزم على الاقلاع عن هذه السلوكيات .

- الارادة القوية بتجنب وترك هذه الحالة .

- الرجوع إلى اللـه .

- الالتزام وتطبيق امور ديننا الحنيف .

التبييتة

التبييتة هي من عمل الشيطان كما ذكرت سابقاً على أن الشيطان يدخل للإنسان من الأبواب الصغيرة و الكبيرة، فالتبييتة معروفه عند كثير من العرافين.

مثال على ذلك :-

يقوم شخص (ما) بالسؤال عن أمر خاص به لأحد العرافين الذين يتعاملون مع الشياطين فيقوم هذا المشعوذ بقراءة ورد معين له علاقة مع الشياطين فيتحدث مع الشياطين عن الأمر الذي يريده للشخص السائل، فيبيت

المشعوذ الإجابة لليوم الثاني فتحضر إليه الشياطين في منامه عن الامر الذي سئل عنه مـن قبل الشخص الآخر و من الممكن أن يصدقوا القول في بعض الأحيان حتى يكونـوا أكـثر إضلالاً للناس كي يصدقوهم و يتبعوا طريقهم، و هـذه الطريقـة تعتـبر مـن أنواع الـشعوذة والعرافة لدخول الإستعانه بغير اللـه وفيها التوسل إلى الشيطان، من هنا نجد أن التبييتـة محرمـه شرعـاً، فلا تسأل أحد إلا اللـه، فأطلب من اللـه و ادعوه، تجد الإستجابه بانتظارك و لو بعد حين، مـن ميسر غيره ومن إله سواه ،إذاً كيف يستطيع الشيطان و المشعوذ بتلبية حاجتك ونحن نعرف ان الإجابة وعدم الإجابة مرتبط كل الارتباط مع اللـه وحده، إذا تذكر دائماً أن اللـه خالق كل شيء فلا ترجو أحد سوى اللـه ولا تكن من القانطين .

الخـــــــلوة

١ - ما المقصود بالخلوة ؟

٢ - مدة الخلوة .

٣ - الأوراد التي تقرأ في الخلوة .

٤ - الحكم الشرعي من الخلوة .

٥ - الفرق بين الخلوة وقيام الليل .

أولاً : ما المقصود بالخلوة ؟

الخلوة هي الاعتزال والابتعاد عن الناس لفترة من الوقت والابتعاد عن الكلام مع الآخرين وهذه الطريقة يستعملها كثير من المدعين على أنفسهم ذو أصحاب الأرواح الروحانية النورانيـة، وهذا الأمر ما هو إلا من الشياطين، وكثير منهم من يقـول عـن الخلـوة (تعبـد) وهـل العبـادة تكون مخفية ولماذا ؟

الخلوة :-

الخلوة هي الجلوس مع الشياطين والتحدث إليهم عن طريق الإيحاءات النفسية ، فيقذف في قلب صاحبه، الأمور التي تفرح القلب كما يعتقد ذلك فالتمثيل هو طريق الشيطان إلى هذا الإنسان الذي يتوسل إليه ويعبده ويتقرب إليه بالذبائح وبالنساء وبأي شيء يغضب الله سبحانه وتعالى، والشيطان ساحر للبصر، فيسحر الأعين عن الواقع ويحدث تخيلاته وألاعيبه الخبيثة على أصحاب الأنفس الضعيفة .

ثانياً : مدة الخلوة ؟

الخلوة لها مدة كما يعتقد صاحبها وكثيراً ما يقولون أن مدة الخلوة ٣٠-٤٠ يوما هذه الفترة من الوقت تحددها الشياطين والذين يعتقدون من أصحاب الخلوات أنهم أرواح نورانية، وأنني أعتقد أن هذه المدة التي سمعنا عنها كثيراً هي مدة يستكمل بها الشيطان بترتيل الشركيات لأصحاب الخلوات وهنا لا يقوم الشيطان مباشرةً بالتوضيح بالعمل الذي يريد أن يقوم به بل يخدعه ويراوغه ومن ثم يدخل عليه بالشرك الصريح وهو لا يعلم ماذا فعل وكيف يتخلص من ذلكً .

ثالثاً : الأوراد التي تقرأ في الخلوة :-

إن بداية الخلوة تكون بتلاوة القرآن الكريم والأدعية النبوية، هكذا يطلب منه ثم تبدأ الشياطين بالتحكم به وتستدرجه أولاً بأول حتى يعمل ما يطلب منه وهي توهمه وتخيل له بأنه صاحب الملوك والخدام من الجن وغيرهم، فمن هنا تبدأ عملية الصراع بينه وبينهم، فيقوم صاحب الخلوة بتلاوة أوراد غير مفهومة،

وغير واضحة المعنى، هذه الأوردة تقرب وتعبُد إلى الشياطين والاستعانة بهم من غير الله وكلما زاد في الكفر زاد تقرب الشيطان إليه ويكون أكثر طاعة له، فكل ورد يقرأ يتقرب إليه الشيطان فهو كفر وشرك بالله لا يجوز ذلك شرعاً، ويحاول الشيطان أن يزين الباطل ويضلل الحق ويخفيه حتى يكون الناس أكثر ضلالاً وكفراً

رابعاً : ما هو الحكم الشرعي للخلوة ؟

يقول صلى الله عليه وسلم «**الحلال بين والحرام بين**» إذاً الحلال بمفهومه هو الذي حلله الله سبحانه وتعالى والحرام هو الذي حرمه أيضاً فالعمل الذي يدخل به الحرمة يتقرب إليه الشيطان يدمغه بتزييفه وحيله، فيجعل الناس أكثر حيرة ومتاهة فهو يجعل من الباطل حقا على الضعفاء الذين يتبعونه فالشيطان تجده موجودا في جميع الأعمال المحرمة والتي نهى عنها الله سبحانه وتعالى ورسوله الكريم صلى الله عليه وسلم وهو الذي يحاول إفساد الأعمال الصالحة والتي هي أحب إلى الله فالشيطان خبيث ولا يحب إلا الخبث والمكر والخداع لأن هذه الصفات هي من صفاته .

إذا كانت الخلوة بهذه الطريقة وهذا الأسلوب فالحكم الشرعي انها باطلة ومحرمة لأن هذه من أساس الشيطان فعمله باطل وهو أساس الضلال للإنسان لقوله تعالى (وقال قرينه ربنا ما أطغيته ولكن كان في ضلال بعيد) ق.

خامساً : ما الفرق بين الخلوة وقيام الليل ؟

الفرق شاسع جداً مثل بعد الأرض عن السماء وكلاهما (تعبد) فالخلوة هي تعبد للشياطين والاستعانة بهم وأما قيام الليل هي تعبد للرحمن الذي لا إله إلا هو، فالفرق واضح ولكن الشيطان يعمي أبصار وقلوب الضعفاء من الناس

فيجعلهم ينظرون إلى الأفق الأعلى بتزييف وخداع، فهو يخدع الأبصار ويجعل منها مجرى للنظر في أمور لا حقيقة لها ولا وجود لأصلها .

حرمة وضع يد المعالج على رأس الأنثى

حرمة هذا الأمر واضح، فالشيطان وكما أسلفنا سابقاً يدخل من كل الأبواب، فكثير من المعالجين يضعون يدهم على رأس الأنثى، فهذا استدراج من الشيطان، الأول وضع اليد على الرأس فيوسوس الشيطان للمعالج أنه بدون وضع اليد على الرأس لا يوجد جدوى في التأثير، فاجعل يدك على الأكتاف ومن ثم أسفل البطن وهكذا، فمدلول هذا العمل هو إيقاع الإنسان في المعصية وهو من (تلبيس إبليس)، والاقتراب من الشبهات وفي نهاية الأمر دخول هذا المعالج في المحرمات مثل الزنا واللواط وغيرها فالشهوات هي أشد على الإنسان من أي شيء، وهناك الكثير من المعالجين انجرفوا وراء متاهة الشيطان، فلا تجعل نفسك فريسة سهله للشيطان وأتباعه حتى لو كان الأمر في غاية الضرورة، وكما قال صلى الله عليه وسلم (اجتنبوا الشبهات)[١] .

خلاصة هذا الباب : أن وضع يد المعالج اثناء جلسة العلاج على رأس الأنثى محرم تحريما شرعيا، والسبب لأن هناك استدراجا من الشيطان كي يكون مصيدة للإنسان وأنني لا أرى فاعلية وضع اليد على الرأس أثناء قراءة آيات الرقية.

فالقراءة واحدة ولا يجوز أن يكون هناك وصل بين المصاب والمعالج والأصح من ذلك كله هو القراءة عن بعد وأن يكون هناك محرم شرعي مع الأنثى وان الجني لا يتأثر من مسكه من قبل المعالج ولكن يتأثر من التلاوة فقط.

---

(١) حديث صحيح.

وهناك معالجون يقومون بوضع القرآن الكريم فوق رأس المصاب ويقولون أنه حاجز بينه وبين الأنثى والقران له تأثير على الجن ووصفوه كانه جبل على رأس الشيطان ولكنني أقول ان هذا الامر ليس صحيحا ابدا ، فلا تجعل مجالا للشيطان على أن يأخذ مجاله معك فكن متيقناً وحريصاً على مثل هذه الأمور والتي هي من وجهة نظركم بسيطة ولكنها كبيرة جداً، فالحرص هو سبيل النجاة من الزلات والمعاصي وغيرها .

ملاحظة مهمة :-

وهناك موضوع أخر ألا وهو الضرب المبرح على جسد المصاب وهذا الأمر خطير جدا هناك من المعالجين بل غالبيتهم يقومـوا بضرب الشخص بالعصا وخنقه واستخدام الكهرباء مباشرتا مما يؤدي للشخص إصابات بليغة وهناك بعض الحالات تؤدي إلى الوفاة بسبب هؤلاء المعالجين الذين يستخدمون الضرب وأمور أخرى في إخراج الجني من جسد الإنسان وهناك كثير من الحالات قرأت عليها ولم يكن مصابة بالجن ولكن هي حالات نفسية او حالات وهم بوجود الجني داخل الجسد .

أيام الأسبوع وكل يوم وله شيطان يتوكل بالحكم وتنفيذ مهمته

إن عدد أيام الأسبوع وكما هو معروف سبعة أيام، وكل يوم يتوكل به شيطان يكون مسؤولاً عن هذا اليوم وهو غير مسؤول عن اليوم الذي قبله واليوم الذي يليه (هذا الأمر يختص به عالم الجن والشياطين) وهناك سبعة من الملوك يتقاسمون الحكم بينهم في الاعمال الخبيثة ويقومُ المشعوذون والسحرة بالتعامل مع هذه الطائفة من الشياطين ويحسبونهم ملائكة كما يدعون ذلك على أنفسهم وهم لا يعلمون، إن هؤلاء ما هم إلا شياطين تتلاعب بعقولهم، وهناك كثيرٌ من المشعوذين الذين يكتبون الحجب للناس ويدعون بأنهم يعالجون بكتابة الأوراق على أنها آيات من القران الكريم، ويوجد بداخل هذه الأوراق كتابات غير مفهومة ويوجد على جوانبها مربعات وأرقام ،وكل مربع يوجد به اسم من أسماء الشياطين وليست الملائكة كما يدعون، لأن الملائكة لا تتعامل مع الإنس لأنها منزهة عن ذلك الأمر فهم خلقوا للعبادة لا للتعامل مع الإنس وهناك كثير من الكتب الموجودة في كل مكان وهي متناول الأيدي تتحدث عن هذا الأمر مما يعلم الكبير والصغير والمتعلم والجاهل وهذه الكتب الشركية كثيراً مما أدت إلى ضياع الكثير من الناس وجعلتهم في طريق الظلمات والصعاب وحدوث لهم الإصابات وهم في غفلة عميقة لا يعلمون ماذا يفعلون، وهنا أحياناً تتولد بعض الإصابات وخاصة إصابة العهود والاقتران وأحياناً المس لذلك يجب على الجميع أن يعلم ويدرك هذا الكلام حتى لا يصبح فريسة سهلة أو يكون في مأزق أو كمين لأن الشياطين تقوم على فتح المجال في التقرب مع بعضهم البعض من انس وجن حتى يتم التعامل المتبادل بينهم وخاصة مع السحرة والمشعوذين والعرافين.

خلاصة هذا الباب / هو أنه لا يوجد تعامل بين الإنس والملائكة أو ما يسمى خدام سورة القرآن الكريم ولكن التعامل الموجود بين الإنس وبين الملوك من الجن ما هو الا شياطين وهذه الشياطين تأتي أحياناً على صفة صالحين وأولياء وهم يلبسون الثياب البيضاء والخضراء حتى تكون الشياطين أكثر إضلالا عليهم، وكما نعلم أنه لا يوجد واسطة بين العبد وربه إلاّ شيء واحد وهو الدعاء والصلاة الخالصة لله وحده فهو المجيب لقوله تعالى) أدعوني استجب لكم) ولكن على شرط أن يكون الإنسان مؤمناً بالله حق الإيمان، وهناك بعض المشعوذون ذوي العلم أي أنه يتعامل مع الروحانيات وغالباً ما تكون سفلية أي أنه يتعامل مع الشياطين، ولكن هذا العلم محدود جداً وليس من السهل أن يتعلمو إلا القليل القليل حتى يكون مربوطاً بهم أي أنه هو الذي يكون بحاجة لهم، وهناك الكثير من المشعوذين لا يوجد عندهم العلم أي أنه لا يوجد أي تعامل مع الشياطين أبداً وهم يقومون بخداع الناس والكذب عليهم حتى يستغلوا الفرصة على الناس الضعفاء لكسب المال .

تعقيب : لقد وكل كل يوم ملك ارضي من ملوك الجن يكون تحت سيطرة الملك العلوي

(أي الشيطان) ولكل ملك له البخور والدخنة الخاصة به والبخور في هذه الحالة هو استرضاء الشياطين والجن والاستعانة بهم في شفاء الإمراض كما يزعمون، وهو يغذي الجن فلا يجوز استخدام البخور في سبيل العلاج هذا كما أوردته اللجنة الدائمة للبحوث العلمية والإفتاء برئاسة ابن باز.

الأرواح الروحانية النورانية ورتبتهم

ما هي هذه الأرواح هل هي أرواح متوفاة أم أرواح مـن الجـن الـصالح وغيره كـما يقول أصحاب الطرق ؟

نحن نعلم أن الـشياطين والجـن الكـافر يقومـون بمحاولـة تـزيين الباطل للإنس الـذين يتعاملون معهم، فتأتي إليهم في المنام أو أحياناً في اليقظة عـن طريـق مـا يـسمى: (بالناظر) على أن هذه الأرواح الروحانية النورانية وهو بالأصل مـن الـشياطين قـد جعلوا للـشخص الـذي يتعامل معهم منزلة ورتبة عالية كما يعتقد ذلك وغالباً ما تسيطر الـشياطين عـلى العقل حتى يصل تفكيره على أنه قد وصل مرتبة أعلى وأكبر من الملائكة المقربين، أي أنه قد وصل إلى مرتبة لا يحجبه حاجب بينه وبين اللـه سبحانه وتعالى .

كيف يحدث ذلك عند الإنسان الـذي يتعامـل مـع الجـن ؟ يكـون إنسانا غـير طبيعيّ في التصرفات والأفعـال وفي العبـادات ايضاً وهـم يعتقدون أنهـم يتعـاملون مـع الملائكة حسب الاعتقاد، فهنا يكثر الإنسان من قراءة القرآن والصلاة والقيام والاختلاء حتى تقوم عليه الـشياطين بمنعه عن الصلاة وخاصة صلاة الجماعة ولكن في بداية الأمـر يأمرونه ان يـصلي ويقـرأ القرآن ويسبح وغيرها من عبادات وأحياناً يأتون إليه بصورة حسنة ومظهر حسن وغيره من تمثيل حتى يكون أكثر طمأنينه، كي يكون في ساحاتهم ويصبح في مصيدة الـشياطين ويكون فريسة سهلة، وهنا يبدأ تمثيل الشياطين على هؤلاء الناس منها :

- يوهمونه بأنه أصبح ملك ذو رتبة عالية .

- يوهمونه بأنه أصبح يحكم الجن .

● يوهمونه بأنه أفضل عند الله من الملائكة .

● يوهمونه على انه يستطيع أن يمتلك الدنيا وما عليها .

● يعتقد أنه أغنى الناس على وجه الكرة الأرضية .

● يعتقد بأنه يستطيع السفر من بلد إلى آخر دون أي إعاقة ومهما كانت صعبة .

● يضعفون من عزائمه في العبادة حتى يصبح غير قادرعليها

● يزينون له الباطل والعكس كذلك .

● يوهمونه بأنه يستطيع اختراق أي شيء أمامه .

خلاصة هذا الباب / ان الرتب التي ذكرت في هذا الباب مـا هـي إلاّ أوهـام وخـدع حتى يكونوا أكثر سيطرة وتحكماً بالإنس الذين يتعاملون معهم فمن هنا نجد أن:-

١ - لا يوجد تعامل بين الإنس والملائكة قطعياً .

٢ - لا يوجد لمثل هذه الأرواح (الأرواح الروحانية النورانية) التي يدعي بها الكثير مـن أصحاب الطرق والعرافين على انهم يتعاملون بها .

تعقيب :

- الأرواح عندما تخرج من الجسد تبقـى كمـا هـي عنـد خالقهـا لا تـستطيع أن تـخرج أو تذهب إلاّ بإذن الله سبحانه وتعالى، والحقيقة ان ارواح الموتى مشغوله بمنازلها فاذي رأى منزله من النار لن يلتفت لاحد من شدة الذهول والعذاب ومن رأى مكانه من الجنة فلـن يلتفـت إلى حطام الدنيا من شدة فرحه ونعيمه .

تقسم الارواح إلى قسمين :-

● أرواح منعمة .

● أرواح معذبة .

أولاً : الأرواح المنعمة :-

هم المؤمنون حق الإيمان بالله سبحانه وتعالى والاعتقاد به دون شـك ولا ريـب، والمؤمنـون ينقسمون إلى قسمين، قسم من الانس والأخر من الجن .

ثانياً : الأرواح المعذبة :-

هم الكفار والمشركون الذين لا يعتقدون بوجـود اللـه والبـعض منهم يجعل مـع اللـه شريكاً في الألوهية وهم أيضاً ينقسمون إلى قسمين هم الإنس والجن، وكما ذكرت سـابقاً في هـذا الكتاب أن الأرواح المستخدمة في التعامل كما يدعون ذلك غير صحيح أبداً لأن الأرواح تخـرج إلى خالقها إما معذبة لا تستطيع الفرار مـن العـذاب وأما الـروح المنعمة فهي تـذهب إلى الجنة مكرمة إلى قيام الساعة فكيف تذهب وتترك هذا المكان الطيب، والأرواح عنـدما تـذهب فهـي تذهب إلى عالم آخر وهي المرحلة الثالثة قبل قيام الساعة والحساب وهذا العالم هـو عـالم (البرزخ) .

العلوم الحديثة في علم الإشارات

العلم الاجتهادي

ان علم الاشارات يعتبر من الامور الجديدة في تشخيص الحـالات المرضية عنـد كثـير مـن الناس المصابين بإصابات فعلية وغير الفعلية وان معرفتنا لهذا العلم معرفـة جيـدة ولا يعرفـه الا القليل القليل من المعالجين .

فالعلم الحديث وخاصة في امور الرقية والعلاج يجب نشره كي يعرفـه الجميـع مـن النـاس عامة والمعالجين بالقران الكريم وبالرقية الشرعية خاصة .

وبالنسبة لهذه الاشارات والدلالات المنعكسة على المصاب قابلة للزيادة والنقصان فهي غير ثابتة ومن المكن ان يكون هنا معرفة وزيادة في علم الاشارات، ويوجد هنـاك اكثر مـن انعكـاس لاصابة واحدة .

فتـوى السعوديـة

بسم الله الرحمن الرحيم

المملكـــة العربيـــة السعوديـــة

فضيلة الشيخ عبد المحسن العبيكان حفظه الله

السلام عليكم ورحمة الله وبركاته ... وبعد :

فقد من الله علينا بمعرفة علم جديد في الرقية الشرعية وحيث أن باب الاجتهاد مفتوح في هذا المجال لقول الرسول ﷺ « **اعرضوا علي رقاكم لا بأس بالرقى ما لم تكن شركاً** » فقد عرضنا عليكم طريقتنا في القراءة وتشخيص الأمراض الروحية عن طريق الانعكاسات التي تظهر على أصابع يد المريض أو قدمه لأنها من المنافذ التي يخرج منها الجان ، حيث نطلب من المريض وضع يديه على ركبتيه ثم نبدأ بالقراءة فإذا كان الشخص مصاباً تأخذ أصابعه بالتشكل بطريقة معينة كما رأيتم حفظكم الله .. واستطعنا بتأمل المئات من الحالات معرفة ماذا تعني كل إشارة ونفع الله بها كثيراً من المسلمين فأفتونا مأجورين . والسلام عليكم ورحمة الله وبركاته،،

ابنكم / سلطان بن محمد الصالح ١٤٢٦/٢/٣ هـ

وعليكم السلام ورحمة الله وبركاته .. أما بعد:

فإن هذه الطريقة لا تتعارض مع النصوص الشرعية بل هي مفيدة حسب ما اطلعنا عليه وتتوافق مع الأصول الشرعية وهي أن الأصل في العلاج الحل ما لم يتضمن محرماً من المحرمات المنصوص عليها ويدل عليها قوله ﷺ « **اعرضوا علي رقاكم لا بأس بالرقى ما لم تكن شركاً** » رواه مسلم في صحيحه، لا سيما وأنكم ترقون بالآيات القرآنية والأدعية النبوية والله أعلم وفقكم الله وأعانكم وأجزل مثوبتكم قاله الفقير إلى الله عبد المحسن بن ناصر آل عبيكان،،

١٤٢٦/٢/١٣هـ

خاص جدا لفضيلة الشيخ الاستاذ / امجد محمود

(ابو عبيدة) الاردن

٠٠٩٦٢٧٧٧٤٠٤٩٤٥

(جدول رقم ١)

- الرسم البياني للإشارات أثناء القراءة على الشخص المصاب

رقم	الانعكاسات	الرسم البياني للحركة	التشخيص
١	رفع الشاهد والخنصر للأعلى مع رفع اصبع ابهام القدم ايضا		**عهود**
٢	حركة في ابهام القدم مع الاستفراغ		**سحر عن طريق الطعام**
٣	فتح الخنصر او الشاهد بقدر درجة ونصف إلى درجتين		**سحر ربط**

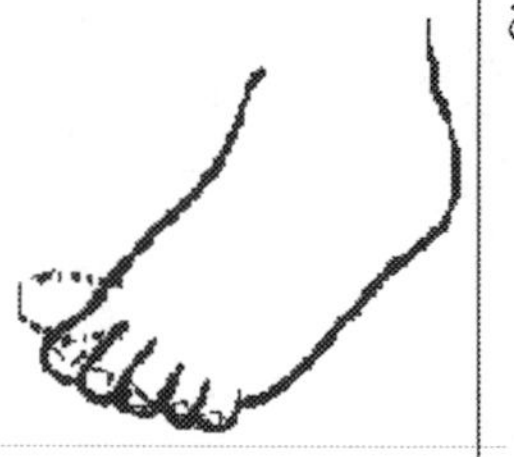

٤	فتح جميع الاصابع بدرجتين		سحر
٥	فتح الشاهد والخنصر		سحر عام
٦	سقوط الوسطى وحركة مع الانفراج لباقي الاصابع		سحر سفلي
٧	حركة بالاصابع المستمرة مع فتحها ورفعها للاعلى وصرع المصاب ولكنه في غاية الادراك		سحر اسود
٨	انفراج الخنصر والبنصر بقدر درجتين عند كلى الزوجين		سحر مشترك او سحر منع الحمل

٩	اذا تـم فـتح الـشاهد والوسـطى ومـن ثـم الخنـصر والبنـصر كـل اثنين لوحدهما		**تعدد اصابات**
١٠	حركـة مـستمر في البنـصر عنـد الرجل		**مـس من الجن**
١١	انفراج الاصابع كلهـا مـع بكـاء او غير بكاء		**مس قرين**
١٢	رفع الاصابع للاعلى وصراخ وبكاء		**تلبس من الجن**

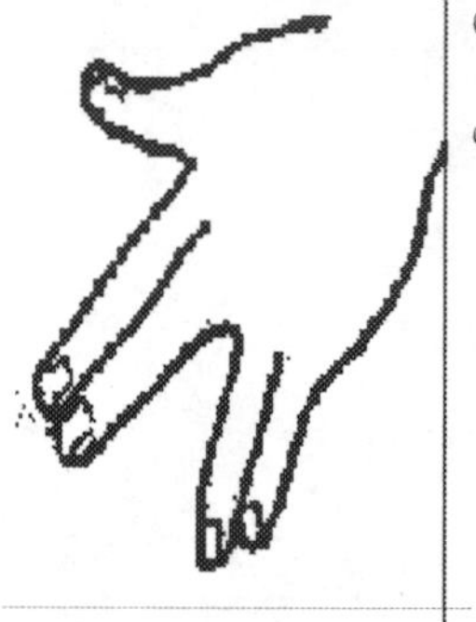

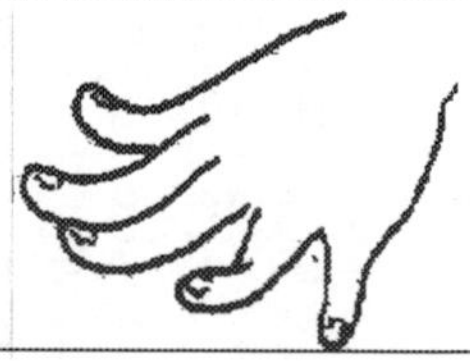

١٣	تساقط الدمع من منتصف العين		مس قرين أو توابع بشكل عام
١٤	تساقط الدمع من الاطراف		مس
١٥	فتح الشاهد بقدر خمسة درجات (للذكر او الانثى)		عشق من الجن
١٦	اغلاق الاصابع بشكل قبضة		تحدي من الجن او من القرين او استحواذ
١٧	دخول الابهام بين الوسطى والبنصر مع صرع احيانا		الرغبة في الجنس من الجن ان كان ذكرا او انثى

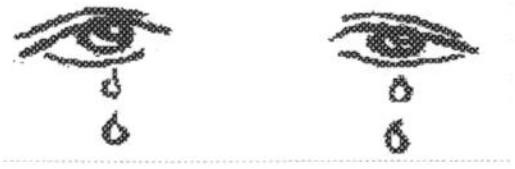

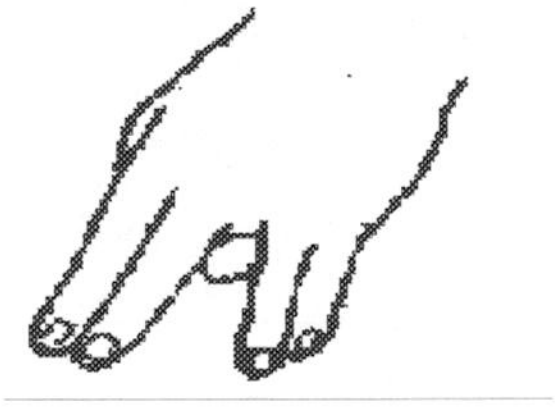

١٨	فـتح الاصـابع بحركـة مـستمرة ومتقطعة		**تابع شيطان**
١٩	الحركـة المـستمر في البنـصر عنـد الانثى		**تابعـة**
٢٠	دخـول الابهـام بـين الـشاهد والوسطى		**توابع سيئة**
٢١	حركة متقطعة في اطراف القدم		**اقتران**
٢٢	رفع الشاهد إلى الاعلى والاسفل		**استسلام قرين او (تفاوض)**

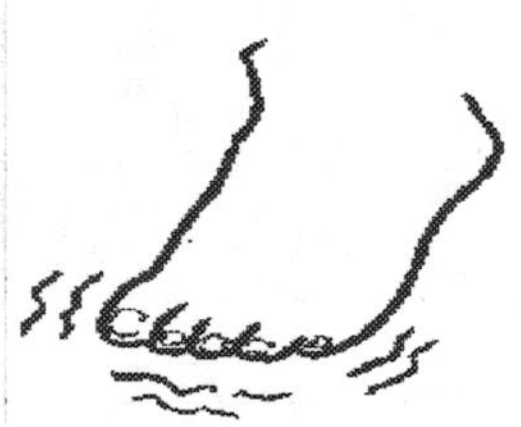

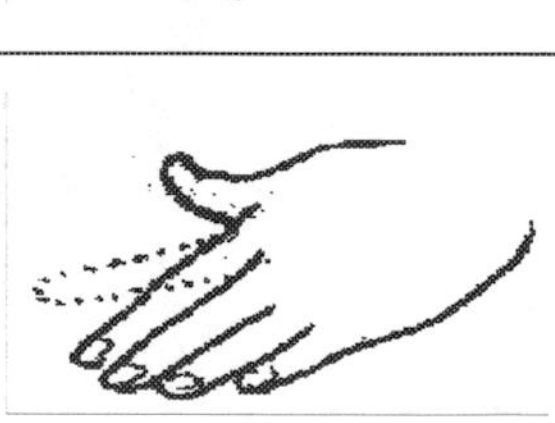

٢٣	رفع الخنصر للاعلى ورفع مقدمة القدم (اصابع القدم) مع شحوب في الوجه		حسد مسطور
٢٤	رجفة متقطعة واحيانا سريعة واحيانا تتوقف		حالة نفسية
٢٥	رفع اليد ببطء او القدم		سيطرة قرين او ايحاء القرين
٢٦	فتح الخنصر والبنصر اكثر من خمسة درجات مع برودة		حسد او عين مزدوجة
٢٧	سقوط الاصابع للاسفل		انتهاء الحالة وشفائها

الفكرة الرئيسية لهذا الكتاب

١ - هذا الكتاب هو خلاصة لجميع كتب المعالجين .

٢ - توصيل المعلومات الصحيحة والدقيقة في أمور الحالات المرضية الروحية منها الحالات الفعلية والحالات غير الفعلية .

٣ - معرفة حقيقة الشيطان وإتباعه ومدى سيطرته على كثير من الناس الضعفاء إيمانا .

٤ - المعرفة الجيدة والمتطورة في أمور التشخيص والعلاج السهل بجلسات قليلة جدا وهي لا تتجاوز من ثلاث إلى ستة جلسات .

٥ - إعلام المجتمع كاملا على ان ليس كل من اصيب بشيء يعتبر سحرا او جنا او حسدا او عينا، وانما يوجد هناك كثير من الإصابات التي من الممكن ان تصيب الإنسان والمذكورة سابقا .

٦ - تصحيح مسار المعالجين الذين أخطأ الكثير منهم في تشخيص الحالات

٧ - الإطلاع الكامل على العلوم الحديثة وعلم الإشارات في التشخيص وفي علاج الأمراض الروحية الناتجة عن الجن .

٨ - العلاج بالقران الكريم وبالرقية الشرعية فقط، وبالنسبة للخلطات والأعشاب والزيوت والتي يتم صرفها من قبل المعالجين لا علاقة لها في العلاج بالنسبة للإصابات الروحانية، بل كثيرا من الناس أصيبوا بالوهم وبالحالات النفسية الخطيرة .

خلاصة هذا الكتاب

إن طريق الحق واضح ومعروف جيداً عند الناس كافة، لقد بينت في هذا الكتاب كثيراً من الحقائق والدلائل والأمور التي يجب على كل مسلم بل كل إنسان خلقه الله من انس وجن على أن العلاج بالقرآن الكريم هو العلاج الأول والآخر وعلى شرط أن لا يدخل مع القرآن أي شيء من المداخل الأخرى مثل الاستعانة بالجن أو بالعرافة أو الشعوذة، لقد بينت في هذا الكتاب الكثير من الأمور والإصابات، وكيف تعالج عن طريق القرآن الكريم فالعلاج بين يديك، فلا تجعل نفسك في متاهة الشيطان، من الذي ينفعك غير الله ومن الذي يشفيك ويخلصك من الابتلاء سوى الله وحده، كن مع الله ولا تبالي، وكن متيقنا بالقول والفعل، واجعل نفسك مع الذين يحببهم الله، الحذر كل الحذر من أن تخدعك هذه الدنيا الفانية، تمعنوا جيداً في هذا الكتاب تجدوه يتكلم عن الواقع والحقيقة والتي من الصعب أن تخفى أو تزول ويبين كثيرا من الاخطاء التي وقع بها المعالجون بالرقية الشرعية في التشخيص وحدوث الاصابات للشخص وبعض مؤلفاتهم التي توجد بها بعض الاخطاء في تفصيل الحالات واعراضها واسبابها مما جعل الناس في حيرة كبيرة ومنهم من ذهب إلى كثير من المعالجين لسنوات كثيرة ولكن لا يوجد فائدة في العلاج بسبب عدم التشخيص السليم فيقوم بترك هذا الطريق ويشق طريق المشعوذين والعرافين وانظروا ماذا يحدث .

بسم الله الرحمن الرحيم

الخاتمــــــة

الحمد اللـه ثم الحمد لله رب العالمين والصلاة والسلام على المبعوث رحمة للعالمين سيدنا محمد صلى اللـه عليه وسلم ، إنني اشكر اللـه وحده الذي أعانني على وضع هـذه المعلومـات ليستفيد منها كل مسلم ومسلمة بل لكل إنسان خلقه اللـه سبحانه وتعالى عـلى هـذه الارض ......

لقد ألفت هذا الكتاب وبحثت به كثيرا من الأمور التي تخفى على كثير من الناس في أمـور العلاج الرباني وهذا الكتاب يبين كثيرا من الحالات التي قد تصيب أي الإنسان وقد بينت كيفيـة العلاج لكل حالة من الذكر الحكيم ولكن هناك ملاحظة مهمة يجب على الانسان اذا شعر بأنـه غير طبيعي ان يخضع لجلسة تشخيص عند معالج بالرقية الشرعية وان يكون ملماً في العلاج وان يكون ذا خبرة في التشخيص واذا كانت الاصابة بحاجة للعلاج بالقران الكريم وبالرقية الـشرعية فعليه ان يخضع من ثلاث إلى ستة جلسات وهذا حد اقصى كي يتخلص من الاصابة وخاصـة اذا تعددت عنده الاصابات واذا كانت الاصابة بحاجة إلى طبيب مختص فعليه ان يراجع عنـد الطبيب ولا يضيع وقته وماله عند المعالجين الـذين سببوا الكثير مـن حـالات الـوهم وحـالات نفسية والحالات الكاذبة المدعية ومس وسيطرة القرين .

وصا يـــا

أوصيكم ونفسي بتقوى الـلـه من الزلات والمعاصي ومن مخالفة شرع الـلـه وعدم التهاون في كل صغيرة وكبيرة، والابتعاد عن طرق الـشياطين مـن الإنـس والجـن والالتـزام بـرأي الجماعـة وعدم مخالفتهم في شرع الـلـه والابتعاد عن المحرمات وأكل الربا والتشبه وغيرها مـن محرمـات يطال ذكرها أوصيك أختي المسلمة بالمحافظة على شؤون بيتـك وأولادك وزوجـك، وكـذلك أنـت أخي المسلم أن تتقي الـلـه في نفسك وأهلك وأن تكون صادقا مع نفسك ومع الـلــه وان تكـون صادقا في تصرفاتك موقنا بها مستعينا بالله وحده الذي بيده مفاتيح الفـرج وهـو عـلى كـل شيء قدير وهو الرحمن الرحيم وهو الغفور والمعاقب والمجيد والمحـي والمميـت والـرزاق ذو العـرش المجيد وان تقوم بتربية اولادك على طاعة الـلـه وان تنشئهم نشأة إسلامية بحتة كما امرنا رسولنا الكريم محمد بن عبد الـلـه (صلى الـلـه عليه وسلم) .

نصيحـــــة :

واختم كتابي بهذه النصيحة لكل مسلم، اتقوا الـلـه حـق تقاتـه وتمـسكوا بقـول الحـق وان تكونوا من أصاحبه وإنني أدعو الـلـه العـلي القـدير أن يحفظنـا ويحفظكـم عـلى مـدى الحيـاة ويصرف عن جميع المسلمين كل بلاء وهو السميع المجيب الدعاء، والسلام عليكم ورحمة الـلــه وبركاته .

المعالج بالرقية الشرعية : الشيخ الأستاذ امجد محمود (أبو عبيدة)

الأردن - السلط

تلفون ارضي وتلفاكس : ٠٥/٣٥٣١٢١٥

خلوي ٠٧٧٧ / ٤٠٤٩٤٥ - خلوي ٠٧٩٥٧٩٤٨٣٧

دوليا ومن خارج الأردن: ٠٠٩٦٢٧٧٧٤٠٤٩٤٥

أهم المراجـــع

١- القـران الكريم .

٢- قاضي الفتن في أمور الجن فضيلة الشيخ عايش القرعان .

٣- جامع الجامـع .

٤- المعجم الوسيـط .

٥- قامـوس المحيـط .

٦- زاد المعاد، ابن قيم الجوزية.

٧- عالم الجن والشياطين،عمر سليمان الاشقـر .

٨- برهان الشرع لاثبات المس والصرع علي بن حسن الاثـري

٩- الطب النبوي،ابن قيم الجوزيـة .

١٠- احكام الجان ، الشيخ العلامة محمد بن عبد اللـه الشبلي .

١١- تجارب خاصة ومعلومات شخصية للمؤلف .

الفهـرس

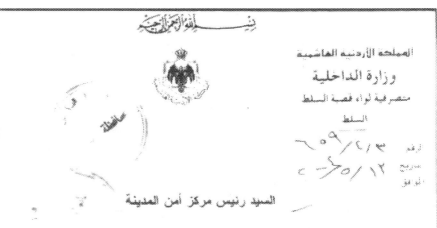

بسم الله الرحمن الرحيم

المملكة الأردنية الهاشمية
وزارة الداخلية
متصرفية لواء قصبة السلط
السلط

الرقم ٣/٢/٥٩٠٦
التاريخ ١٢/٥/٩٦
الموافق

السيد رئيس مركز أمن المدينة

الموضوع: امجد عبد الرؤوف محمود محمود

اشاره لكتابكم رقم ٧١٦/٧٦/٩ تاريخ ١٩٩٦/٨/٢٥ لقد راجعنا المذكور أعلاه وبعد التحقيق معه حول الأعمال التي يقوم بها في معالجة بعض الأمراض الشائعة بطريقة الرقي الشرعية والقرآن الكريم تبين ان المذكور يحمل شهادة تخوله القيام بمثل تلك الأعمال ولا تدخل في أعمال الشعوذة وبناءاً على الاستدعاء المقدم إلينا من قبله حرر له ذلك .

للاطلاع وإجراءاتكم .

واقبلوا الاحترام ....

عبد الجليل السليمات
نائب محافظ البلقاء
متصرف لواء قصبة السلط

ت/١٣/٥